연습문제 해답집

목   차

제 1 장
경제학의 생각방식

01 경제학은 환경요인의 변화로써 개인의 행동을 설명한다. 소비자의 행동은 소득, 가격, 법률 등의 제약조건과 개인의 선호에 의해 좌우되지만, 개인의 선호는 객관화할 수 없는 변수이기 때문에 경제학에서는 '소비자의 선호는 불변'이라고 가정하고 관찰가능한 제약조건의 변화로만 설명한다.

02 희소성이란 사회구성원들의 욕망에 비하여 그 욕망을 충족시켜줄 수 단인 자원이 상대적으로 부족한 현상을 말한다. 희소하지 않은 재화는 사회구성원들의 욕망을 얼마든지 충족시켜줄 수 있으므로 선택의 문제가 발생하지 않는다.

   ※ 희소하지 않은 재화의 예: 공기

03 식사서비스 구입의 기회비용은 식대, 식사시간 등으로 구성된다. 그런데 간편식은 일반음식에 비하여 식사시간이 짧아 식사서비스 구입의 기회비용이 더 싸다. 따라서 임금률이 증가하면, 즉 시간의 기회비용이 증가하면 간편식 구입의 기회비용이 상대적으로 싸지므로 간편식의 수요량은 증가한다.

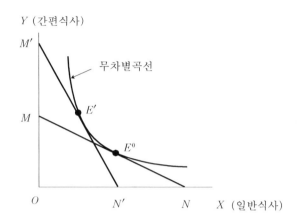

〈그림 설명〉

　　임금률 상승을 일반식사(X)의 가격이 상승하고 간편식사(Y)의 가격이 하락했다고 해석할 수 있다. 따라서 임금률이 상승하면 상대가격선이 그림의 MN에서 $M'N'$로 바뀐다. 초기에 상대가격이 MN의 기울기일 때 소비자의 선택점은 E이다. 임금률이 상승하여 $M'N'$로 상대가격이 바뀌면 동일한 효용을 얻는 소비자의 선택점은 E에서 E'로 이동한다. 즉, 간편식사(Y)의 소비량은 상대적으로 증가한다.

04 남성이나 장년의 경우 여성이나 노인들보다 평균적으로 취업률과 임금률이 높아 예배시간의 기회비용이 더 높다.

05 고급승용차 소유주의 경우 벌금의 상대가격이 낮기 때문이다. 고급승용차 소유주의 시간의 기회비용은 대체로 소형승용차 소유주의 시간의 기회비용보다 높다. 따라서 고급승용차 소유주의 경우 시간의 기회비용 대비 벌금의 상대가격이 소형승용차 소유주의 상대가격보다 낮다.

제 2 장

전문화와 교환의 이익

01

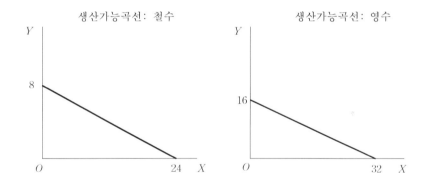

02 (i) 철수의 물고기 생산의 기회비용: 감 0.33개

영수의 물고기 생산의 기회비용은: 감 0.5개

(ii) 철수가 물고기 생산에 비교우위를 가진다.

03 (i) $X=(\frac{1}{3})Y$(즉, $3X=Y$)와 $X=(\frac{1}{2})Y$(즉, $2X=Y$) 사이의 교환조건.

(ii) 철수. 왜냐하면 교환비율 $\frac{1}{2}$, 즉 $2X=1Y$는 영수의 물고기 생산의 기회비용과 동일하므로 영수의 교환의 이익은 0이다.

04 (i)

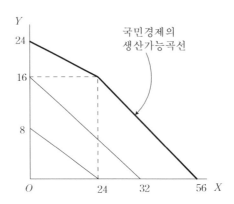

(ii) 한계비용이 $\frac{1}{3}$ 에서 $\frac{1}{2}$ 로 체증.

05

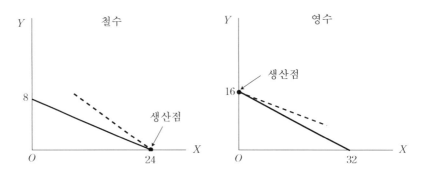

철수의 X재 생산비용은 $\frac{1}{3}Y$, 영수의 X재 생산비용은 $\frac{1}{2}Y$이다. 따라서 X재의 시장가격이 그림의 점선(직선)처럼 $\frac{1}{3}Y$보다 크고, $\frac{1}{2}Y$ 보다 작으면(예컨대, 기울기 $= -\frac{5}{12}$) 철수는 X재에, 영수는 Y재에 특화한다.

제 3 장

분석의 도구

01 (a)

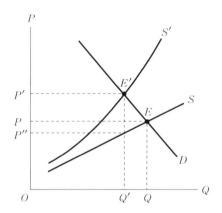

균형점: E에서 E'으로 이동.

균형거래량: Q에서 Q'으로 감소.

균형가격: P에서 P'으로 상승.

(b) 소비자 부담액: $P' - P$

생산자 부담액: $P - P''$

(c) 수요곡선의 기울기가 가파를수록(수요곡선의 가격탄력성이 작을수록) 소비자의 조세부담이 늘어나며, 공급곡선의 기울기가 가파를수록(공급곡선의 가격탄력성이 작을수록) 공급자의 조세부담이 증가한다.

02

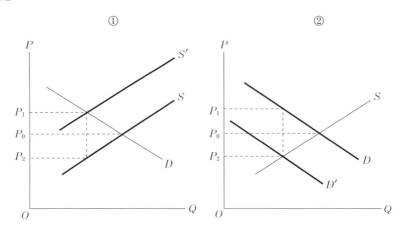

①: 100원의 물품세가 공급자에게 부과되었을 경우

　공급곡선은 단위당 100원씩 위쪽으로 평행이동 $(S \rightarrow S')$

　　단위당 소비자 부담액: $(P_1 - P_0)$원

　　단위당 공급자 부담액: $(P_0 - P_2)$원

②: 100원의 물품세가 소비자에게 부과되었을 경우

　수요곡선은 단위당 100원씩 아래로 평행이동 $(D \rightarrow D')$

　　단위당 소비자 부담액: $(P_1 - P_0)$원,

　　단위당 공급자 부담액: $(P_0 - P_2)$원

①과 ②의 경우 균형가격은 각각 P_1, P_2이며, 소비자의 세부담액과 공급자의 세부담액은 동일하다.

03

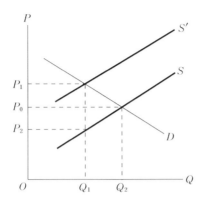

정부가 전세 계약금에 대한 등기를 주택소유주의 비용으로 의무화한다는 것은 일정액의 물품세를 부과하는 것과 같다. 따라서 전세등기를 의무화하면 공급곡선 S는 S'으로 이동한다. 공급곡선의 이동으로 거래량은 Q_1으로 감소하고, 가격은 P_0에서 P_1으로 상승한다. 등기비용($P_1 - P_2$) 중 $P_0 - P_2$만큼을 주택소유주가 부담하고, $P_1 - P_0$만큼은 전세입주자가 부담한다.

04

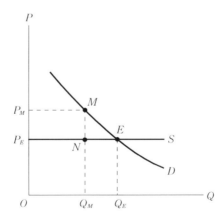

공급곡선(석유공급이 국제가격 P_E수준에서 완전탄력적)과 수요곡선이 각각 S와 D이면, 균형가격과 수입량은 P_E와 Q_E이다. 이 때 정부가 석유수입을 Q_M으로 제한하면 석유가격은 P_M으로 상승한다(보다 엄밀하게 말해서, 쿼터제 실시로 소비자잉여는 $\square P_E P_M ME$만큼 감소하고 생산자의 이윤은 $\square P_E P_M MN$만큼 증가한다. 결국 사회적 순손실은 $\triangle NME$의 면적이다).

05 이 사설은, 주택가격이 공급측 요인뿐만 아니라 수요측 요인에 의해서도 영향을 받는다는 점을 간과하고 있다. 주택수요의 증가율이 공급의 증가율보다 클 경우 주택공급이 증가되어도 주택가격은 상승할 수 있다.

06 소비자 구입가격이 균형가격보다 낮다.

제 4 장
선호와 효용

01 선호의 이행성 가정을 충족시키고 있지 않다. 이 소비자의 선호는
   순환하고 있다. 이 경우 상품간의 우선순위를 매길 수 없으므로 선
   택문제를 분석할 수 없게 된다.

02 $U = kX + kY$ (단, k는 양의 실수) 혹은 $U = (X + Y)^2$
   효용의 크기는 선호의 순위를 나타내는 것이지 선호의 강도를 의미
   하는 것이 아니다. 즉 효용은 절대적 크기는 의미가 없고 그 순위만
   이 의미 있는 서수적 효용이다.

03

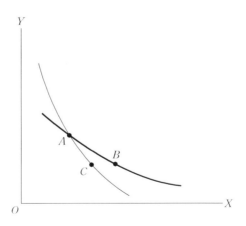

그림에서 보듯이 A점에서 서로 다른 두 개의 무차별곡선이 교차한다고 가정하면, 소비자는 A와 B, 그리고 A와 C를 동일한 정도로 좋아한다. 이때 이행성의 조건에 의해 C와 B를 동일한 정도로 좋아한다고 추론할 수 있다. 그러나 다다익선의 가정 때문에 소비자는 B를 C보다 더 선호한다. 이는 C와 B를 동일한 정도로 좋아한다는 가정과 모순된다. 따라서 서로 다른 두 개의 무차별곡선은 교차할 수 없다.

04 (a) 거짓 (b) 거짓 (c) 참 (d) 참 (e) 참

(f) 한계효용이 체감하지 않아도 한계대체율이 체감한다는 것을 나타내준다. 따라서 한계대체율이 체감한다는 것이 반드시 한계효용이 체감한다는 것을 의미하지는 않는다.

〈설명〉

(a) (i) $X=1$일 때 Y가 1에서 2로 증가할 때

$$MU_Y(X=1) = \frac{dU}{dY} = \frac{3}{1} = 3$$

(ii) $X=1$일때 Y가 2에서 4으로 증가할 때

$$MU_Y(X=1) = \frac{dU}{dY} = \frac{12}{2} = 6$$

(i), (ii)에서 X가 1로 일정할 때 $MU_Y(X=1)$는 증가한다. 그러므로 (a)는 거짓.

명제 (e)가 참임을 확인하려면 $X=1$일 때의 MU_Y와 $X=2$일 때의 MU_Y를 비교해서 $X=2$일 때의 MU_Y가 $X=1$일 때의 MU_Y보다 크다는 것을 보이면 된다.

(i) $X=1$일 때의 MU_Y(Y가 1에서 2로 증가할 때 효용의 증분)

$$MU_Y(X=1) = \frac{dU}{dY} = \frac{3}{1} = 3$$

(ii) $X=2$일 때의 MU_Y(Y가 1에서 2로 증가할 때 효용의 증분)

$$MU_Y(X=2) = \frac{dU}{dY} = \frac{12}{1} = 12$$

(i), (ii)에서 $MU_Y(X=1)=3 < MU_Y(X=2)=12$이니 MU_Y는 X가 1에서 2로 증가할 때 늘어난다.

제 5장

소비자 행동이론: 전통적 접근방법

01 수요법칙은 다른 조건이 일정할 때 "상대가격"이 하락하면 해당재화
   의 수요량이 증대된다는 것이다. 따라서 수요법칙에 어긋난다는 것
   을 보이려면 다른 조건은 일정한지 그리고 상대가격의 변화방향과
   수요의 변화방향이 다른지를 확인해야 한다.

   (a) 부합된다.

   석유값의 상승이 반드시 석유의 상대가격 상승을 의미하지는 않
   는다. (절대적) 석유가격이 상승해도 석유의 상대가격은 하락할
   수 있다.

   (b) 부합된다.

   (i) 주택가격의 하락이 반드시 상대가격의 하락을 의미하지는 않는
       다. 주택가격이 하락해도 주택의 상대가격은 상승할 수 있다.

   (ii) 다른 조건이 일정하지 않을 수 있다. 예컨대 미래의 주택가
        격이 하락할 것으로 예상할 경우 수요곡선이 안쪽으로 이동
        할 것이므로 거래량은 증가하지 않을 수 있다.

   (c) 부합된다.

   고학력 여성일수록 시간의 기회비용이 높다고 볼 때 육아의 상대
   가격이 고학력 여성일수록 높다.

02

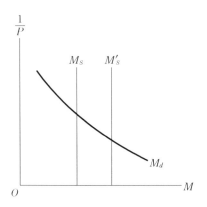

화폐의 상대가격은 화폐가 지닌 구매력으로 볼 수 있다. 화폐 1단위의 구매력은 $\frac{1}{P}$ 이다. 다른 상품과 마찬가지로 화폐에 대한 수요곡선은 음의 기울기를 갖는다. 그런데 화폐공급량은 정부의 통화정책에 의해 결정된다. 따라서 화폐공급이 증가하면($M_S \rightarrow M'_S$) 화폐라는 상품의 가격 $\left(\frac{1}{P}\right)$이 감소, 즉 P는 상승한다.

03

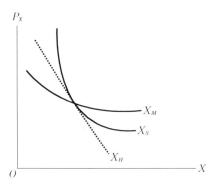

X_M: 마샬 수요곡선,　　　X_S: 슬러츠키 수요곡선,　　　X_H: 힉스 수요곡선

• X가 정상재인 경우, 가격이 하락했을 경우 슬러츠키 수요와 힉스 수요곡선 관계에 관한 설명.

• 슬러츠키 보상이 주어신 상대(예산선)는 힉스의 초기 균형섬에서 선택할 수 없었던 새로운 영역을 선택할 수 있게 됨.

- 물론 원한다면 초기 균형점도 선택할 수 있음(왜냐하면 슬러츠 키 보상하의 새로운 예산선은 초기 균형점을 통과하기 때문)
- 슬러츠키 보상이 이루어진 상태는 힉스 보상(동일한 효용수준까 지만 보상한 상태)보다 실질소득이 늘어난(over-compensated) 된 상태([그림 5-5-3] 참조)

• 따라서 가격이 하락할 경우 정상재이면 슬러츠키 보상이 주어지 면 소득효과(실질 소득 증대)로 인해 수요량 증대가 추가로 발생 하여 수요량 증대가 더 커짐.

- 따라서 슬러츠기 수요곡선이 더 완만해짐([그림 5-5-4] 참조)

☞ 힉스(Hicks)와 슬러츠키(Slutsky)의 실질소득과 보상소득 개념의 차이를 이해해야 함.

□ 힉스(Hicks)와 슬러츠키(Slutsky)의 실질소득과 보상소득의 차이

■ 힉스의 경우 실질소득은 효용수준으로 정의된다. 따라서 실질소득이 동일한 점은 동일한 수준의 효용을 주는 무차별곡선을 의미한다.

– 반면 슬러츠키의 경우 실질소득은 실질구매력으로 정의된다. 슬러츠 키의 실질소득은 초기(original) 균형점을 새로운 가격 체계하에서 구 입할 수 있는 소득 수준(구매력)으로 정의된다. 따라서 슬러츠키의 경우 실질소득이 동일한 점은 초기(original) 균형점을 새로운 가격 체계하에서 구입할 수 있는 소득 수준(구매력)으로 선택 가능한 예 산선(따라서 새로운 가격선과 평행)을 말한다.

– 그림에서 초기 가격이 P_0일 때 초기 균형점을 E_0라 하자. 이제 X재 가격이 P_1로 하락하였다. 이때 힉스의 보상소득은 상대가격 변화 이 후의 선택점 S를 통과하는 새로운 가격선 P_1(그림에서 실직선)이 나타낸다. 반면 슬러츠키 보상소득은 초기 균형점을 E_0를 통과하는 새로운 가격선 P_1(그림에서 점선 직선)이 나타낸다.

■ [그림 1]에서 보듯이 점선 직선은 실선(맨 아래쪽)으로 나타낸 직선 보다 항상 위쪽에 위치한다. 따라서 보상 이후의 소득수준을 비교해 보면 항상 슬러츠키의 소득수준이 힉스보다 더 높다. 이는 힉스의 보상소득(compensated income)보다 슬러츠키의 보상소득이 더 크다는 것은 의미한다. 결국 슬러츠키 보상소득이 힉스에 비해 과잉보상이 된 상태이다.

[그림 1] 보상소득의 차이

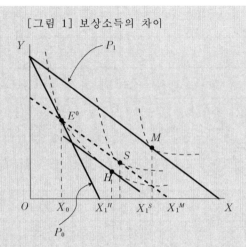

■ 요컨대 보상소득은 실질소득을 동일하게 유지하기 위해 보상(혹은 조정)해주는 소득이다. 힉스와 슬러츠키의 경우 실질소득이 서로 달리 정의되기 때문에 보상소득의 크기도 달라진다. 보상 이후 슬러츠키 소득은 항상 보상 이후 힉스의 소득(compensated income)보다 크다.

■ 힉스, 슬러츠키, 마샬 수요곡선의 비교
[그림 2]는 힉스, 슬러츠키, 마샬 수요곡선의 차이를 보이고 있다. 가격이 P_0에서 P_1으로 하락했을 경우 정상재인 경우 그림에서 보듯이 슬러츠키 보상하의 수요량(X_1^S)이 힉스 보상하의 수요량(X_1^H)보다 크다. 보상소득이 더 크기 때문이다. 따라서 슬러츠키 수요곡선이 힉스의 수요곡선보다 오른쪽에 위치한다. 또한 가격이 하락했을 경우 마샬 수요곡선(X^M: 통상의 수요곡선)의 소득은 보상 이후 슬러츠키 소득보다 크다. 따라서 정상재인 경우 마샬의 수요곡선이 슬러츠키 수요곡선보다 오른쪽에 위치한다. 즉, 마샬 수요곡선의 기울기가 가장 완만해진다.

[그림 2] 힉스, 슬러츠키, 마샬 수요곡선 비교

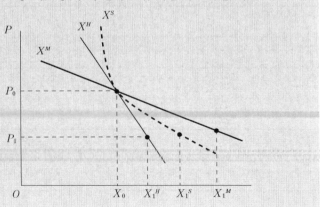

04

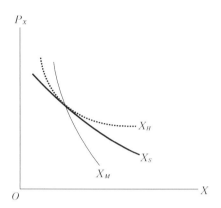

X_M: 마샬 수요곡선, X_S: 슬러츠키 수요곡선, X_H: 힉스 수요곡선

05 한계효용체감의 가정: 한계효용이론(기수적 효용이론)의 기본 가정으로서 어떤 재화의 소비량이 늘어남에 따라 한계효용이 점차 감소한다는 것을 의미한다.

한계대체율체감의 가정: 무차별곡선접근법(서수적 효용이론)의 기본 가정으로서 동일한 만족수준을 유지하면서 X재 1단위를 더 소비하기 위해서 포기해야 하는 Y재의 양이 X재의 소비량이 늘어남에 따라 점차 감소한다는 것이다.

한계효용이 체감하면 한계대체율은 체감한다. 그러나, 한계대체율이 체감한다고 항상 한계효용이 체감하는 것은 아니다. 즉 한계효용이 체감하지 않아도 한계대체율은 체감할 수 있다. 예컨대 X재 소비량이 증가할 때 X재의 한계효용이 증가하더라도 X재의 한계효용보다 Y재의 한계효용이 더 큰폭으로 증가하면 한계대체율은 체감한다. 따라서 한계대체율체감의 가정이 덜 제약적인 가정이라 할 수 있다.

06 (a) 쌀을 X재, 의료서비스를 Y재라 할 때, 예산제약식은 다음과 같이 쓸 수 있다.

$$4X + 4Y = 80$$

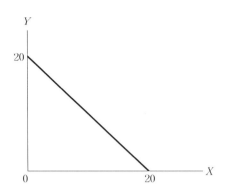

(b) 쿠폰으로 의료서비스(Y)를 10단위까지는 2만원에 구입하고, 11단위부터는 4만원에 구입할 수 있으므로 예산선은 다음과 같다.

(i) $0 \leq Y \leq 10$: $4X + 2Y = 80$

(ii) $Y > 10$: $4X + 4Y = 100$

($\because$ 의료서비스(Y) 10단위를 2만원 할인해 주었으므로, 결과적으로 소비자는 20만원을 보상받은 것과 같다.)

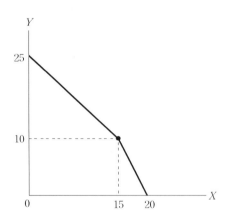

07 (a) $P_X = 5$일 때 $x^d = 18$

   $P_X = 4$일 때 $x^d = 20$

   $\therefore$ $\varDelta x^d = 2$

(b) $P_X = 5$일 때 18단위 구입비용: 90원

   $P_X = 4$일 때 18단위 구입비용: 72원

∴ 보상금액 = −18원

(c) 초기상태와 같은 실질소득 = 400 − 18 = 382원

$$x^d = 10 + \frac{382}{10 \cdot 4} = 19.55$$

(d) 대체효과: 19.55 − 18 = 1.55

소득효과: 20 − 19.55 = 0.45

08 화폐환상이 존재하지 않는다.

09 차량운행의 기회비용은 차량운행비와 예상 소요시간의 기회비용 등으로 구성된다. 10부제하에서 출퇴근시 예상 소요시간이 감소할 경우 차량운행의 예상 기회비용은 적어진다. 따라서 예상 소요시간이 감소할 경우 출퇴근 시간대에 오히려 교통량이 증가하게 된다.

10 (a) 한계효용체감은 $MU_X(X{=}1) > MU_X(X{=}2) > MU_X(X{=}3)$을 의미한다. 따라서 이 부등관계가 성립하려면 효용이 계측가능해야 하고 기수적이어야 한다.

(b) 소비자균형은 $\dfrac{MU_X}{P_X} = \dfrac{MU_Y}{P_Y}$일 때 성립된다.

이때 X재 가격이 P_X에서 P_X'로 하락하면 다음 부등식이 성립한다.

$$\frac{MU_X}{P_X'} > \frac{MU_Y}{P_Y}$$

이 경우 소비자의 효용은 극대가 되지 못한다. 따라서 부등식을 등식으로 만들려면 MU_X가 감소하거나 MU_Y가 증가해야 한다. 한계효용체감의 가정에 따라 MU_X를 감소시키려면 X재의 소비량이 늘어나야 하고, MU_Y를 증가시키려면 Y재의 소비량이 감소해야 한다.

즉, X재 가격이 하락하면 X재의 수요량이 증가하게 된다.

(c) 양 이론은 모두 수요법칙을 설명하고 있다.

기수적 효용이론은 효용이 측정가능하다는 가정과 한계효용체감법칙에 입각하여 수요법칙을 설명하고, 서수적 효용이론은 한계대체율체감(무차별곡선의 볼록성)에 입각하여 수요법칙을 설명하

고 있다.

그러나 기수적 효용이론의 효용지수의 기수성과 한계효용체감의 법칙은 비현실적이라는 점에서 서수적 효용이론보다 열등하다. 또한 한계효용이 체감하지 않고 체증할 경우에도 서수적 효용이론하에서는 수요법칙이 도출될 수 있다는 점에서 서수적 효용이론이 보다 우수하다고 할 수 있다.

11 엥겔곡선상의 한 점에서 소득탄력성(η_M)은 다음과 같다.

$$\eta_M = \frac{dX}{dM} \cdot \frac{M}{X}$$

따라서

$\dfrac{dX}{dM} = 2M$이므로

$\eta_M = 2M \cdot \dfrac{M}{X} = \dfrac{2M^2}{X}$ 이다.

그런데 $M = 10$일 때 $X = 100$이므로

$$\therefore \ \eta_M = 2$$

12 [4. 3. 2절] 수요법칙 참조.

13 (a) 수입 전후 상대가격을 비교해 보자.

　　1) 외국 원산지 (수입 이전) 상대가격 $= P^{US} = \dfrac{P^H}{P^L}$

　　2) 한국 (수입 이후) 상대가격 $= P^K = \dfrac{P^H + t}{P^L + t}$

　　1), 2)에서 다음을 알 수 있다.

　　3) $P^{US} = \dfrac{P^H}{P^L} > P^K = \dfrac{P^H + t}{P^L + t}$

즉, 고가 자동차의 상대가격이 원산지보다 한국에서 낮아진다. 따라서 고가 자동차의 수요량이 한국에서 증가한다.

그런데 소득–소비곡선이 직선이라는 것은 소득탄력성이 1이라는 의미이다. 즉, 소득에 비례해서 저급 자동차 및 고급 자동

차의 수요가 증대(소득효과를 완전히 제거한다는 의미는 아님)

⇨ 상대가격만이 상대적 수요량을 결정 따라서 $H^{US} < H^{K}$이다.
즉 상대적으로 미국에서 판매되는 고급 자동차의 수요량이 한
국에서 판매되는 고급차의 수요량보다 작다.

(b) 1. 그래프

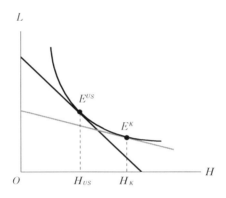

2. 사   례

좋은 품질 사과는 산지보다 먼 곳에서 더 잘 팔린다.

좋은 품질 포도주는 칠레나 프랑스 등 산지보다 먼 곳에서
더 잘 팔린다.

■ 소득―소비 곡선이 직선이라고 했으므로 저가 자동차와 고가 자동차
소비 비율은 소득수준과 무관하다. 또한 한국사람과 외국사람(예컨
대 미국인)의 소득이 동일하다고 하였으므로 오직 상대가격만이 두
유형의 자동차의 소비비율을 결정한다. 수송비의 영향으로 한국 내
고급 자동차(H)의 상대가격이 더 싸니 한국인은 E^{K}를 선택하고 해
외시장의 미국인은 상대적으로 더 높은 고급 자동차의 상대가격에
직면한다. 따라서 E^{K}를 선택한다.

■ 소득차이를 고려하지 않고 동일한 무차별곡선에서 상대가격 차이로
인한 대체효과만을 분석하는 것은 소득―소비 곡선이 직선이어서 저
가 자동차와 고가 자동차 소비 비율이 소득수준과 무관하기 때문이다.

14 (a) $u' = 1 - 2\alpha W > 0$, $u'' = -2\alpha < 0$ 이므로 위험기피자이다.

(b) $-\dfrac{u''(W)}{u'(W)} = \dfrac{2\alpha}{1-2\alpha W}$

(c) (b)에서 W가 증가하면 절대적 위험기피도는 커진다.

15 (a) 확률 P로 $W_0 - A$가 실현되고 확률 $1-P$로 W_0가 실현되는 복권

(b) $P \cdot u(W_0 - A) + (1-P) \cdot u(W_0) = u(x)$

(c) $0.05 \cdot 100 + 0.95 \cdot 300 = \sqrt{90{,}000 - R}$ ∴ $R = 5{,}900$

16

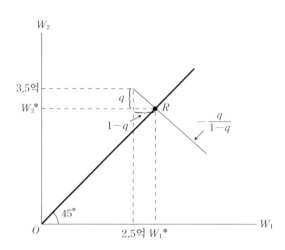

(a) 화재발생시: 2억 5천원, 무사고시: 3억 5천원.

(b) $MRS = -\dfrac{dW_2}{dW_1} = \dfrac{Pu'(W_1)}{(1-P)u'(W_2)}$

(c) 기울기가 $\dfrac{-q}{1-q}$ 이고 초기점 $(2.5억, 3.5억)$을 지나는 직선이 예산선이다. 즉,

$$W_2 = \dfrac{-q}{1-q} W_1 + b$$

그런데 $W_2 = 3.5억$, $W_1 = 2.5억$이니 대입하면,

$$b = 3.5억 + \frac{q}{1-q} \, 2.5억$$

이다. 따라서 예산제약식은 다음과 같다.

$$W_2 = -\frac{q}{1-q} \, W_1 + 3.5억 + \frac{q}{1-q} \, 2.5억$$

(d) 보험회사의 이윤 $\pi = qK - KP = (q - P)K$

(e) 완전경쟁산업에서는 이윤 $\pi = 0$ 이므로 $q = P$

(f) 다음의 두 가지 방법으로 풀 수 있다.

[해 1] 완전경쟁하에서는 공정보험료($q = P$)가 책정되므로 예산선의 기울기는 $-\dfrac{P}{1-P}$ 이다. 그런데 45°선상에서는 $W_1 = W_2$이니 $u'(W_1) = u'(W_2)$이다.

$\therefore$ 45°선상에서의 $MRS = \dfrac{P}{1-P}$ 이다. 결국 45°선상에서 예산선의 기울기와 MRS가 일치하므로 소비자균형이 성립한다. 소비자균형점에서 $W_1{}^* = W_2{}^*$ 가 성립한다.

그런데 $W_2{}^* = W_2 -$ 보험료, $W_1{}^* = W_1 +$ 순보상금이니 소비자균형점에서 다음 관계가 성립한다.

$$W_2 - 보험료 = W_1 + 순보상금 \qquad\qquad ①$$

$W_2 = 3.5억$, $W_1 = 2.5억$을 식 ①에 대입하면

$$보험료 + 순보상금〔≡조보상금(보험구입량)〕= 1억$$

이 된다. (粗)보상금이 1억이므로

$$보험료 = 1억 \cdot q \quad 혹은 \quad 1억 \cdot P$$

이다.

$$\therefore \ 보험구입량 = \frac{1억 \cdot P}{P} = 1억원$$

〔例〕$P = 0.2$인 경우

보험료 = 0.2억

조보상금 = 1억

순보상금 = 0.8억

이 된다. 이때, $W_1{}^* = W_2{}^*$임을 확인할 수 있다.

$W_2{}^* = W_2 - 0.2억 = 3.3억$

$W_1{}^* = W_1 + 0.8억 = 3.3억$

[해2] 예산선과 $45°$선이 만나는 그림의 R점$(W_1{}^*,\ W_2{}^*)$에서 소비자균형이 이루어진다. 교점을 구하기 위해 $W_1{}^* = W_2{}^*$를 (c)의 해답인 예산제약식에 대입하여 $W_1{}^*$에 대해서 풀면

$W_1{}^* = 3.5억 - 1억 \cdot P$

보험료 $= 3.5억 - (3.5억 - 1억 \cdot P) = 1억 \cdot P$

보험료 = 보험구입량(보상금) $\cdot q$이므로

$$완전경쟁하의 \ 보험구입량(보상금) = \frac{보험료}{P}$$

∴ 보험구입량 = 1억원

17 위험기피자는 복권의 기대상금과 복권의 가격이 같으면 복권을 구입하지 않는다. 복권의 기대상금은 $3,700(=0.3 \times 10,000 + 0.7 \times 1,000)$원이고 복권의 가격은 3,700원이다. 철수는 위험기피자이므로 복권을 구입하지 않는다.

18 복권의 효용 $= 0.3(10,000)^2 + 0.7(1,000)^2 = 30,700,000$
현금 3,700원의 효용 $= (3,700)^2 = 13,690,000$
따라서 철수는 복권을 구입한다.

제 6 장

현시선호이론과 응용

01 요약 **❶** 참조.

02 (a) A, B 두 상품조합이 있을 때, A가 B보다 현시선호되었으면 B는 어떠한 상황하에서도 A보다 현시선호될 수 없다.

(b) 철수의 선택은 약공리에 위배되지만, 영희의 선택은 약공리에 충족된다.

(c) 영희의 경우 수요법칙에 부합되지만, 철수의 경우는 수요법칙에 위배된다.

(d) 약공리가 충족되는 경우 수요법칙이 성립한다.

03

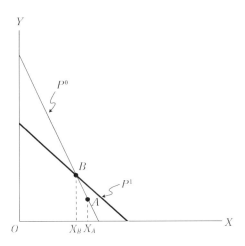

P^0가격에서는 A를 선택하고 가격이 P^1일 때는 B를 선택하는 소비
자는 약공리를 위배하고 있다. P^0(X재가 비쌀 때)하에서 X재의 소비
량은 X_A이다. 그런데 X재의 가격이 P^1으로 떨어진 후에 X재의 소
비량은 X_B로 떨어진다. 따라서 대체효과가 설명되지 않는다.

04 요약 ❹ 참조.

05

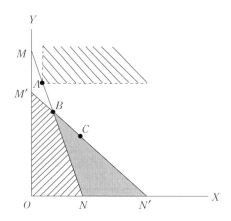

그림에서 예산선이 MN으로 주어졌을 때 소비자의 선택점을 A라
하자. 이로부터 추론할 수 있는 선호관계는 A점의 북동방향에 있는
모든 점들이 A점보다 선호된다는 것과 MN의 경계선과 내부에 위
치한 어떤 점들보다 A점을 현시선호한다는 것이다. 이러한 선호관
계로부터 A점을 지나는 무차별곡선은 예산선과 A점으로부터 북동
쪽을 통과할 수 없다는 것을 알 수 있다. 이제 소비자의 또 다른 선
택점 B가 관찰되었다고 하자. B점은 C점보다 현시선호되었다. 강공
리가 성립하면 A는 C보다 현시선호된다. 그러므로 강공리에 의해
예산선 $M'N'$의 경계선과 내부에 있는 어떤 점들보다 A점이 현시
선호되었다고 말할 수 있다. 이는 회색의 BNN' 내부의 어떤 점도
A와 동일한 정도로 선호될 수 없음을 시사한다. 따라서 A를 통과하
는 무차별곡선은 그림에서 빗금친 영역들을 통과할 수 없다. B와

같은 점들이 많아질수록 빗금친 영역은 늘어날 것이고 무차별곡선이 통과할 수 있는 영역은 좁아질 것이다. 논리적으로 선택점이 무한히 많아지면 우하향하는 무차별곡선을 그릴 수 있다.

06 $P_P = \dfrac{P^1Q^1}{P^0Q^1}$, $L_Q = \dfrac{P^0Q^1}{P^0Q^0}$ 이므로

$P_P \cdot L_Q = \dfrac{P^1Q^1}{P^0Q^1} \cdot \dfrac{P^0Q^1}{P^0Q^0} = \dfrac{P^1Q^1}{P^0Q^0}$ ($\equiv$ 명목소득지수)

07 후생수준의 변화를 가늠할 수 없다. 가격변화에 관한 정보만으로는 후생변화를 판별할 수 없기 때문이다.

08 지수이론은 무차별곡선에 관한 정보 없이도 소비자 후생수준의 변화를 파악할 수 있는 장점을 지닌다. 그러나 지수의 크기로부터 후생수준의 변화에 대한 판단이 항상 가능한 것은 아니다.

제 7 장

시장수요이론

01 $TR = P \cdot Q = aQ - bQ^2$

$$MR = \frac{\Delta TR}{\Delta Q} = a - 2bQ$$

02 (a) 시장수요곡선 $X = X_j + X_k = 60 - 3P_X$

(b) 시장수요곡선의 기울기는 $-\frac{1}{3}$, X_j의 기울기는 -1, X_k의 기울기는 $-\frac{1}{2}$. 그러므로 개별수요곡선보다 시장수요곡선이 더 평평하다.

03 (a) 초기점이 A일 때

$$\eta_A = -\frac{\Delta Q}{\Delta P} \cdot \frac{P_A}{Q_A} = -\frac{1}{-0.001} \cdot \frac{29.001}{2,999} = 9.67$$

(b) 초기점이 B일 때

$$\eta_B = -\frac{\Delta Q}{\Delta P} \cdot \frac{P_B}{Q_B} = -\frac{1}{-0.001} \cdot \frac{29.000}{3,000} = 9.66\cdots$$

(c) 점탄력성은 가격 및 수요량의 변화가 미소할 경우 초기점을 어디로 잡느냐에 따라서 탄력치가 달라지지 않는다.

04 (a) $\eta_C = 6$

(b) $\eta_D = 2.5$

(c) 점탄력성은 가격 및 수요량의 변화가 클 경우 초기점을 어디로

잡느냐에 따라서 탄력치가 크게 달라진다.

05 (a) 가격 하락, 판매량 증가 → 총매출액 증가
   (b) 가격 하락, 판매량 증가 → 총매출액 감소
   (c) 가격 불변, 판매량 증가 → 총매출액 증가
   (d) 가격 하락, 판매량 불변 → 총매출액 감소

06 (a) 가격 상승, 판매량 감소 → 총매출액 감소
   (b) 가격 상승, 판매량 감소 → 총매출액 증가
   (c) 가격 불변, 판매량 감소 → 총매출액 감소
   (d) 가격 상승, 판매량 불변 → 총매출액 증가

07 노동에 대한 수요의 가격탄력성이 1보다 작은 경우 임금이 상승하면 노동자 계층의 임금총액은 증가하지만, 노동에 대한 수요의 가격탄력성이 1보다 클 때는 임금이 상승하면 노동에 대한 수요량도 급격히 감소하므로 임금총액이 감소한다.

08 농산물은 수요의 가격탄력성이 작다. 가격탄력성이 1보다 작은 경우, 풍년으로 농산물의 공급이 증가하면 농산물가격이 떨어지고 이에 따라 농부의 수입은 감소한다.

09 (a) 숙박료를 인상하지 않는다.
   (b) 숙박료를 인상한다.

제 8 장

기업의 본질

01 기업은 팀생산의 이익을 실현하기 위한 조직체이다. 총체론적 접근은 기업조직은 소비자와 같은 단일 경제주체라는 인식하에 기업을 주어진 생산기술을 구현하는 주체로 본다. 반면, 소유권 접근법은 기업조직을 단일 경제주체로 보지 않는다. 소유권 접근법은 기업을 팀생산의 이익을 구현하기 위한 계약의 집합체(set of contracts)로 본다. 그런데 거래비용 접근에 의하면 팀생산의 이익을 구현하는 방법은 기업 생산만이 유일하지 않다. 거래비용 접근에 의하면 똑같은 생산물을 시장에서 계약을 통해 생산했을 때보다 기업 조직에서 생산했을 경우 거래 비용을 절약할 수 있을 때 기업이 탄생한다.

02 소유권이 정립되어 있지 않을 경우 전문화의 이익을 실현하기 어렵다. 강에 대한 소유권이 정립되지 않았을 경우 여객이나 화물 수송 사업자는 강 이용을 위한 유효한 계약을 체결하기 어렵다. 계약의 주체가 왕인지 영주인지 분명하지 않아 계약을 체결하기가 어렵고 계약을 이행하는 데 드는 거래비용이 크기 때문이다. 거래비용이 전문화와 협력의 이익보다 클 경우 강을 이용한 수송 서비스의 범위는 제한된다.

03 혼자서 생산할 경우 근무태만의 손해는 자신에게 돌아온다. 그러나 협동생산의 경우 기회주의적 행동에 의한 손해는 다른 사람에게도 분산되어 기회주의적 행동을 한 당사자의 후생수준은 오히려 증가하므로 근무태만에 대한 유인이 발생하게 된다. 즉, 기회주의적 행동이

합리적 전략이 된다.

04 소유권 접근법.

이유: 기업가는 계약을 통해 팀원 간 갈등과 기회주의적 행동을 미리 예방하고 전문화된 활동을 조율한다. 기업가는 모든 계약의 중심에 있다. 반면, 총체론적 접근법에 의하면 기업은 주어진 생산기술을 구현하는 주체에 불과하기 때문에 기업가의 역할은 보이지 않는다.

05 거래비용은 계약체결 및 수행에 수반되는 비용을 말한다. 거래비용은 정보수집비용, 흥정비용, 계약의 강제이행비용 등을 포함한다.

06

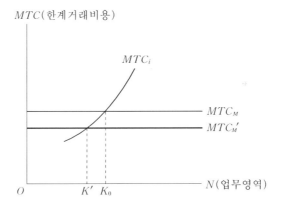

기업조직생산의 한계거래비용(MTC_i)은 N의 증가함수이므로 양(陽)의 기울기를 갖는다. 시장거래의 한계거래비용(MTC_m)은 N과 무관하므로 수평선이 된다. 시장거래 질서의 확립은 시장거래의 한계비용곡선(MTC_M)을 MTC_M' 으로 이동시킨다. 따라서 기업의 업무영역은 OK_0에서 OK'으로 감소한다.

07 소유권분쟁에 관한 판례는 소유권을 보다 명확하고 세부적으로 규정한다. 따라서 판례가 많이 쌓이면 기업조직생산의 거래비용은 감

소한다. 기업조직생산의 거래비용이 감소하면 시장거래보다 기업조
직에 의한 생산이 유리해진다. 따라서 기존 기업의 업무영역이 확장
되고 창업이 활발해진다.

08 (i) 약점

    (a) 불확실성 외면, (b) 총체론적 접근, (c) 경영자의 기회주의적 행
        동, (d) 단기적 주주 가치 극대화

  (ii) 대안

    (a), (b)를 비판한 대항 가설: 관리이론

    (c), (d)의 대항 가설: 이해관계자

제 9 장

비용이론

01 (a)

산출량	총비용	고정비용	총가변비용	평균고정비용	평균가변비용	평균비용	한계비용
0	5	5	0	∞	—	—	—
1	18	5	13	5	13	18	13
2	22	5	17	2.5	8.5	11	4
3	30	5	25	1.67	8.3	10	8
4	50	5	45	1.25	11.25	12.5	20
5	75	5	70	1	14	15	25

(b)

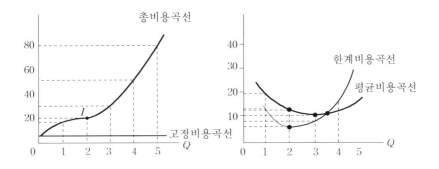

특징: 단기평균비용곡선은 U자 모양을 갖는다. 한계비용곡선은 총비
용곡선의 변곡점 I에서, 즉 산출량이 2일 때 최솟값을 가지며
평균비용곡선의 꼭시섬을 동과한나.

- 35 -

(c) 평균비용곡선: 30% 위쪽으로 이동
한계비용곡선: 30% 위쪽으로 이동

02 건물임대료, 의사로 고용되었을 경우의 월급, 의료기기에 대한 투자비용 및 감가상각비.

03 비용극소화조건은 $MRTS\left(\equiv \dfrac{MP_L}{MP_K}\right) = \dfrac{w}{v}$ 이다. 이 조건은 시장에서의 객관적 교환비율인 요소의 상대가격과 기업가의 주관적 교환비율인 요소의 상대적 한계생산력이 일치되어야 함을 의미한다. 한편 이 식을 변형한 $\dfrac{MP_L}{w} = \dfrac{MP_K}{v}$ 는 각 생산요소 1원어치의 한계생산력이 모두 균등해야 함을 의미한다.

04 확장경로는 $MRTS$와 요소의 상대가격이 일치하는 요소결합점들의 자취로, 비용극소화모형이나 산출량극대화모형으로부터 도출할 수 있다.

05

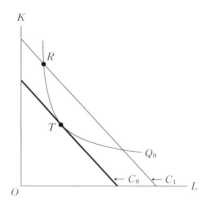

$\dfrac{MP_L}{w} > \dfrac{MP_K}{v}$ 인 상황에서는 노동에 지출된 1원의 한계생산이 자본에 지출된 1원의 한계생산보다 크다. 그림의 R점은 이러한 상황을 반영한다. R점에서 자본투입을 줄이고 노동투입을 늘리면 동일한 산출량 Q_0를 생산하는 데 드는 비용이 감소한다. 즉 R점에서 T점으로 이동하면 산출량은 불변이고 비용은 C_0로 극소화된다.

06 (a) 0

(b) $AVC = \dfrac{TC}{Q} = Q^2 - 3Q + 3 = \left(Q - \dfrac{3}{2}\right)^2 + \dfrac{3}{4}$

$\therefore Q = \dfrac{3}{2}$ 에서 최소, 이 때 $AVC\left(\dfrac{3}{2}\right) = \dfrac{3}{4}$

(c) $MC = \dfrac{\varDelta TC}{\varDelta Q} = 3Q^2 - 6Q + 3$ $\therefore MC\left(\dfrac{3}{2}\right) = \dfrac{3}{4}$

AVC가 최저인 점에서 MC와 교차한다는 것을 보여 준다.

(d) $ATC = Q^2 - 3Q + 3$ $\therefore Q = \dfrac{3}{2}$

07 고정비용은 산출량이 달라져도 변하지 않기 때문이다.

예: 건물임대료, 감가상각비, 보험료, 제세공과금.

08 단기평균비용곡선:

(i) 우하향하는 이유: 산출량이 낮은 수준에서는 분업과 전문화의 이익으로 한계수확이 체증하기 때문이다.

(ii) 우상향하는 이유: 산출량이 높은 수준에서는 고정요소가 제약조건으로 작용하여 가변요소가 늘어날 때 한계수확이 체감하기 때문이다.

장기평균비용곡선: 산출량이 낮을 때는 규모의 경제가 나타나고, 산출량이 높을 때는 규모의 불경제가 나타나기 때문에 장기평균비용곡선은 U자 형태를 갖는다. 규모의 경제는 분업과 전문화의 이익 때문에 생겨나고, 규모의 불경제는 기업규모가 커질 때 기업의 의사소통 및 통제비용이 급증하기 때문에 발생한다.

09 요소가격이 일정한 경우, 규모의 경제가 존재하면 장기평균비용곡선은 우하향하며 규모의 불경제가 존재하면 장기평균비용곡선은 우상향한다.

10 (a) 정액세 부과: $AC \rightarrow AC'$

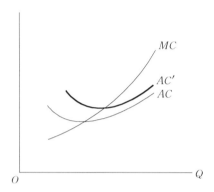

(b) 종량세 부과: $AC \rightarrow AC'$, $MC \rightarrow MC'$

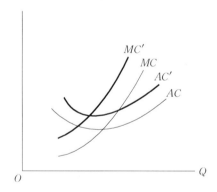

그래프에서 보듯이 정액세를 부과할 경우 AC만 변하고 MC는 불변이다. 반면, 종량세를 부과할 경우 AC와 MC 모두 이동한다. 그 이유를 수리적으로 밝혀보면 다음과 같다.

(a) 정액세 부과시(T: 정액세)

정액세를 포함한 총비용함수를 $C'(Q)$라 하면 C'는 다음과 같이 표현된다.

$$C' = C(Q) + T$$

$$AC' = \frac{C'}{Q} = \frac{C(Q)}{Q} + \frac{T}{Q} = AC + \frac{T}{Q}$$

그러므로 AC'곡선은 $\frac{T}{Q}$만큼 위쪽으로 이동한다. 평균비용곡선

의 상승폭$\left(\frac{T}{Q}\right)$은 산출량이 커질수록 감소한다.

$$MC' = MC + \frac{dT}{dQ} = MC$$

∴ 정액세 부과시 MC는 변하지 않는다.

(b) 종량세 부과시(t: 세율)

$$C' = C(Q) + tQ$$

$$AC' = \frac{C'}{Q} = \frac{C(Q) + tQ}{Q} = AC + t$$

∴ AC는 평행이동.

$$MC' = \frac{dC'}{dQ} = \frac{dC(Q)}{dQ} + t = MC + t$$

∴ MC는 평행이동.

11 (a) 등량선

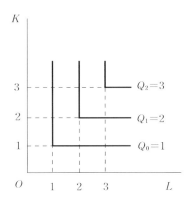

(b) 확장경로: $MRTS$와 요소의 상대가격이 일치하는 요소결합점들
  의 자취. 45°선이 확장경로이다.

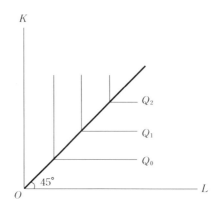

(c) 비용함수: 주어진 요소가격체계하에서 일정한 산출량을 생산하는 데 드는 최소비용을 나타내 주는 함수.

산출량이 y단위라면, $y = L = K$로 생산하는 것이 가장 효율적이다. 즉 y를 생산할 때 L은 y단위, K는 y단위를 투입한다. 따라서 y를 생산할 때의 최소비용은 $wy + vy$이다(w, v는 노동과 자본의 가격).

비용함수 $C(w, v, y) = wy + vy = (w + v)y$

12 노동의 한계생산력을 자본단위로 표현한 값.

11

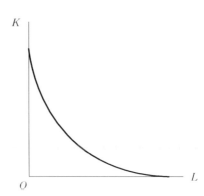

01

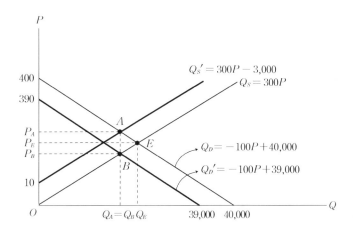

(a) $-100P + 400,000 = 300P$

$\therefore\ P_E = 100,\ Q_E = 30,000$

(b) $\eta = -\dfrac{dQ}{dP} \cdot \dfrac{P_E}{Q_E} = 100 \cdot \dfrac{100}{30,000} = \dfrac{1}{3}$

(c) 물품세는 공급곡선을 10원만큼 위로 평행이동시킨다.

즉, 공급곡선은 $Q_S = 300P$에서 $Q_S' = 300P - 3,000$으로 이동한다.
새로운 균형은 $Q_S' = Q_D$일 때 성립하므로, 새로운 균형가격은 다
음 방정식으로부터 구할 수 있다.

$$-100P + 40,000 = 300P - 3,000$$

$\therefore\ P_A = 107.5,\ Q_A = 29,250$

(d) 소비세 부과는 수요곡선을 10원만큼 아래로 평행이동시킨다. 즉,

수요함수가 $P = 400 - \dfrac{1}{100}Q_D$에서 $P = 390 - \dfrac{1}{100}Q_D{}'$(즉, $Q_D{}' = -100P + 39{,}000$)로 이동한다.

새로운 균형은 $Q_S = Q_D{}'$에서 성립하므로, 새로운 균형가격은 다음 방정식으로부터 구할 수 있다.

$$-100P + 39{,}000 = 300P$$

$$\therefore\ P_B = 97.5 \qquad \therefore\ Q_B = 29{,}250$$

02 (a) 완전경쟁의 장기균형조건:

① $LAC = P$

② $MR(=P) = LMC$

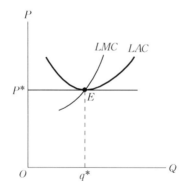

(b) (ⅰ) 단기효과

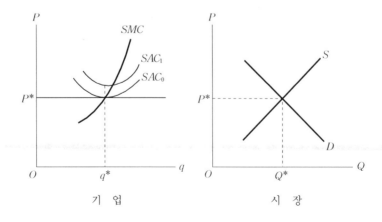

기 업   시 장

정액세가 부과되면 단기평균비용곡선은 SAC_0에서 SAC_1으로 이동한다. 그러나, 정액세가 부과되어도 단기한계비용곡선(SMC)은 불변이다. 따라서, 기업의 단기공급곡선과 산업의 단기공급곡선도 불변이다. 그러므로 균형가격(P^*)과 개별기업의 균형생산량(q^*)은 불변(不變)이다.

(ii) 장기효과

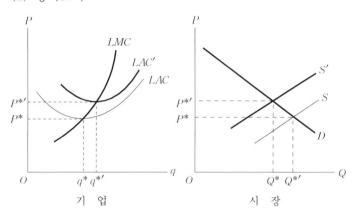

기 업   시 장

정액세가 부과되면 장기한계비용곡선(LMC)은 불변(不變)이고, 장기평균비용곡선(LAC)만 LAC'으로 이동한다. 따라서, 초기 장기균형가격 P^*에서 퇴출이 발생한다. 이로 인해 산업의 단기공급곡선은 S'으로 이동하고 새로운 장기균형가격은 $P^{*'}$이 된다. 개별기업의 장기균형생산량은 q^*로 증가한다. 반면에 산업생산량은 Q^*으로 감소한다. 이는 퇴출로 인해 기업의 숫자가 감소했기 때문이다.

정액세의 효과를 요약하면 다음과 같다.

	단기효과	장기효과
개별기업 차원	MC가 변화하지 않았으므로 산출량 불변	퇴출 발생 균형산출량 증가
산업 차원	변화 없음	퇴출로 인해 산업의 단기공급곡선 상측이동 LAC곡선의 상측이동 장기공급곡선의 상측이동

03 (a) 기업의 단기공급곡선은 평균가변비용(AVC)을 초과하는 한계비용 곡선(MC)이다.

$$AVC = \frac{C-128}{q} = (q-7)^2 + 7$$

$$MC = 3q^2 - 28q + 56$$

따라서, 공급함수는 다음과 같다.

(i) $P < 7$ 일 때: $q = 0$

(ii) $P \geq 7$ 일 때: $P = 3q^2 - 28q + 56$

[주의] MC곡선이 공급곡선이라고 이해하고서 $S = 3q^2 - 28q + 56$ 으로 풀면 안 된다. 공급곡선은 가격(P)과 수량(q)의 관계를 나타낸다는 점에 유의하기 바란다.

(b) 가격이 최소평균가변비용과 같으면 생산활동 유무에 관계없이 손실은 같다. 따라서 조업중단 가격은 7이다.

(c) 비용증가·감소·불변 산업 중 어느 것이냐에 따라 산업의 공급곡선은 달라진다.

〈비용불변산업일 경우〉

산업산출량 $Q = 100q$이므로 $q = \dfrac{Q}{100}$ 이다. 따라서 $q = \dfrac{Q}{100}$ 를 (a)의 공급함수에 대입하면 산업공급곡선이 도출된다. 산업의 공급함수는 다음과 같다.

(i) $P < 7$ 일 때: $Q = 0$

(ii) $P \geq 7$ 일 때: $P = 3\left(\dfrac{Q}{100}\right)^2 - 28\left(\dfrac{Q}{100}\right) + 56$

(d) 비용불변산업. 이 경우 산업의 공급곡선은 개별기업의 공급곡선의 수평합으로 구할 수 있다.

04 (a) 단기비용함수. 고정비용(128)이 존재.

(b) $AVC = \dfrac{C-128}{q} = (q-8)^2 + 5, \quad MC = 3q^2 - 32q + 69$

$q = 8$일 때 AVC는 5로서 최소이다. 따라서 공급곡선은 다음과 같다.

(ⅰ) $P \geq 5$일 때: $P = 3q^2 - 32q + 69$

(ⅱ) $P < 5$일 때: $q = 0$

(c) 산업산출량 $Q = 200q$이니 $q = \dfrac{Q}{200}$ 를 (b)에 대입하면 산업공급함수를 구할 수 있다.

(ⅰ) $P \geq 5$일 때: $P = 3\left(\dfrac{Q}{200}\right)^2 - 32\left(\dfrac{Q}{200}\right) + 69$

(ⅱ) $P < 5$일 때: $Q = 0$

05 (ⅰ) 완전경쟁시장은 현실의 시장구조와 비교·평가할 수 있는 시금석을 제공해 준다.

(ⅱ) 완전경쟁이론에서 유도된 결론은 현실설명력과 예측력을 갖고 있다.

(ⅲ) 현실이 완전경쟁시장으로 이행하는 추세이다.

06 (a) 비용감소산업.

(b) 그렇지 않다. 왜냐하면, 요소가격의 하락은 개별기업이 아닌 산업 전체의 산출량증가에 기인하기 때문이다. 반면에 규모의 경제가 존재하는 경우는 개별기업이 산출량을 증가시키면 생산단가가 감소하므로 산출량을 증가시킬 유인이 있다.

(c) 산업의 장기공급곡선(LIS)은 우하향한다.

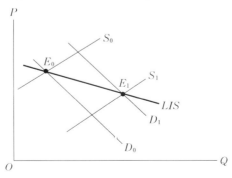

07 (a) 그렇다. $P < SAC$이므로 적자이나, $P > SAVC$이므로 계속 가동한
　　다. 왜냐하면 기업폐쇄시의 손실액인 고정비용보다 가동할 때의
　　적자액이 더 적기 때문이다($\pi \geq -FC$).

　(b)

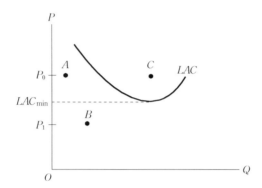

결론은 철수가 직면한 가격수준이 장기최저평균비용수준(LAC_{min})보
다 높은가의 여부에 따라 달라진다.

상황 1) $P > LAC_{min}$일 경우:
　　예컨대 시장가격이 P_0이고 그림의 A점에서 생산하고 있을
　　경우, 생산량을 늘려서 C점으로 이동하면 흑자를 볼 수 있
　　을 것이다. 따라서, 철수의 증산결정은 옳다.

상황 2) $P < LAC_{min}$일 경우:
　　예컨대 시장가격이 P_1이고 그림의 B점에서 생산하고 있을
　　경우, 생산량을 늘리면 손실이 더욱 커진다. 이 경우 철수는
　　이 산업에서 퇴출하는 것이 바람직할 것이다.

08 (a) 사육비가 증가하면 소의 공급이 감소되어 거래량이 줄어든다. 따
　　라서, 소가죽 공급이 감소되고, 소가죽제품 가격은 상승한다.

　(b) 쇠고기 수요가 증대되면 소의 거래량이 늘어나고, 소가죽 공급은
　　증가한다. 따라서, 소가죽제품 가격은 하락한다.

09 (a) 해외 초과공급함수:

$$Q_S{}^f - Q_D{}^f = 10P_f - 40 - (200 - 2P_f)$$
$$= 12P_f - 240$$

국내 초과수요함수:

$$Q_D{}^h - Q_S{}^h = 100 - P_h + 50 - 2P_h$$
$$= 150 - 3P_h$$

(b) 자유무역하에서의 균형은 국제시장에서의 수요와 공급이 일치될 때 성립한다. 국제시장에서의 수요는 국내시장에서의 초과수요($Q_D{}^h - Q_S{}^h$)이고, 국제시장에서의 공급은 해외 초과공급($Q_S{}^f - Q_D{}^f$)이 된다. 따라서 다음 조건이 성립할 때 자유무역하의 균형이 성립한다.

$$12P_f - 240 = 150 - 3P_h \quad\text{①}$$

그런데 수송비가 5이므로 국내가격(P_h)과 해외가격(P_f)간에는 다음의 관계가 성립된다.

$$P_h = P_f + 5 \quad\text{②}$$

국내 균형가격을 구하기 위해 식 ②를 식 ①에 대입하면, $P_f{}^* = 25$이다. 따라서,

$$P_h{}^* = P_f + 5 = 30$$

(c) 화물수송의 수요량(T)은 수입품의 국내초과수요량($Q_D{}^h - Q_S{}^h$)과 같다. 즉,

$$T = 150 - 3P_h \quad\text{③}$$

화물수송량에 대한 수요량을 t로 나타내기 위해 P_h를 t로 표현해 보자. 우선 X재의 국제시장에서의 균형조건을 생각해 보자. 국제시장의 균형은 다음 조건이 충족될 때 성립한다. 즉,

$$12P_f - 240 = 150 - 3P_h$$

그런데 $P_f = P_h - t$이므로,

$$12(P_h - t) - 240 = 150 - 3P_h$$

$$\therefore \ P_h{}^* = 26 + 0.8t \ \text{⋯⋯⋯⋯⋯⋯⋯⋯} \ ④$$

식 ④의 $P_h{}^*$를 식 ③에 대입하면 화물수송의 수요량(T)을 수송비의 함수로 나타낼 수 있다.

$$\therefore \ T = 150 - 3(26 + 0.8t) = 72 - 2.4t$$

(d) $T=0$으로 놓으면 $t=30$이다.

(e) 〈수송비가 교역량에 미치는 영향〉

교역량과 수송비간에는 $T = 72 - 2.4t$가 성립되므로,

$$\frac{dT}{dt} = -2.4 < 0$$

따라서 수송비가 증가하면 교역량은 감소한다.

〈수송비가 균형가격에 미치는 영향〉

균형가격과 수송비간에는 $P_h{}^* = 26 + 0.8t$가 성립되므로,

$$\frac{dP_h{}^*}{dt} = 0.8 > 0$$

따라서 수송비가 증가하면 균형가격은 상승한다.

10

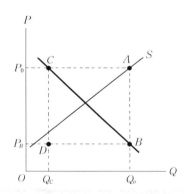

농가보조정책은 정부가 한계생산비와 소비자가격간의 차이를 보소하는 정책이나. 한편, 가격지시정책은 정부가 쌀을 매입함으로써 가격을 일정수준으로 유지시켜 주는 정책이다.

예컨대, 농가가 Q_0를 생산했을 때 두 정책의 차이를 비교해 보자. 농가보조정책은 농가의 한계생산비인 P_0와 소비자가격인 P_B의 차이, 즉 단위당 AB의 보조금을 농가에 지급하는 정책이다. 이 경우 농가보조정책의 시행비용은 $\square P_B P_0 AB$이다.

한편 가격지지정책은 정부가 P_0하에서 초과공급량인 CA만큼의 쌀을 매입함으로써 가격을 P_0로 유지시키는 정책이다. 이 때 정부의 수매비용은 $\square Q_c CA Q_0$이다.

수요의 가격탄력성이 1보다 크므로 $\square OP_0 CQ_c < \square OP_B BQ_0$이다. $\square OP_B DQ_c$는 이 두 사각형의 공통면적이므로, $\square P_B P_0 CD < \square Q_c DBQ_0$이다. 따라서, 가격지지정책의 시행비용이 더 많이 든다.

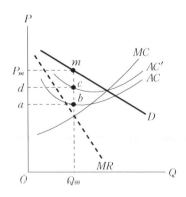

제11장

독점시장

01 담합기업들의 행동은 독점기업의 행동과 같다. 독점기업의 균형점에서는 수요의 가격탄력성이 1보다 크기 때문에, 가격을 인하하면 산업의 총매출액은 증가한다. 따라서, 매출액이 감소할 것이라는 우려는 근거가 없다.

02 공기업을 민영화한다는 것은 정부소유인 기업을 개인소유로 전환한다는 의미이다. 공기업의 경우 소유권의 부재로 인해 비용극소화 및 기술개발의 유인 등이 약하다. 또, 경영상의 손실도 통상 조세로부터 충당되므로 잘못된 의사결정에 대한 자기교정력(self-correcting force)도 약하다. 민영화란 기업의 소유권의 확립을 통해 이러한 비효율성을 완화해 보고자 하는 시도이다.

03

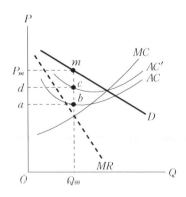

정액세를 부과하면 독점기업의 한계비용곡선(MC)은 불변이고, 평균비용곡선은 위로(AC에서 AC'으로) 이동한다.

한계비용곡선이 불변이므로, 생산량(Q_m)과 가격(P_m)은 변하지 않는다. 평균비용은 상승했으므로 독점이윤은 $\square P_m mba$에서 $\square P_m mcd$로 정액세만큼 감소된다.

04 (ⅰ) 독점기업

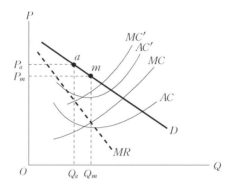

종량세 부과는 독점기업의 한계비용곡선과 평균비용곡선을 위로 이동시킨다. 생산량은 Q_m에서 Q_a로 감소되고, 가격은 P_m에서 P_a로 상승한다.

(ⅱ) 완전경쟁하의 기업

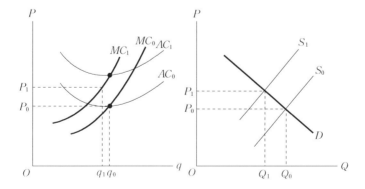

단기에는 종량세(t) 부과로 인해 개별기업의 한계비용곡선과 평균비용곡선이 모두 상향평행이동한다. 한계비용곡선은 MC_1으로

상향평행이동하고 따라서 산업의 단기공급곡선도 S_1으로 상향평행이동한다. 이에 따라 가격은 P_1으로 상승하고 산업생산량은 Q_1으로 감소한다. 이때 개별기업의 산출량은 q_1으로 감소한다 (이는 기업의 개수가 일정함에도 산업생산량이 Q_0에서 Q_1으로 감소했다는 사실로부터 추론할 수 있다).

　　장기에는, 개별기업의 퇴출로 인해 산업공급곡선이 위로 이동하므로 가격은 더욱 상승한다. 결국 새로운 장기균형가격은 정확히 종량세만큼 증가하고 가격은 $P_1(=P_0+t)$가 된다. 개별기업의 생산량은 초기상태의 수준과 동일하다.

비교: 완전경쟁시장에 판매세를 부과하면 퇴출이 발생하고 산업생산량이 감소한다. 가격수준은 정확히 판매세만큼 상승한다. 그러나 독점시장에 판매세를 부과하면 장기에는 완전경쟁시장에서와 마찬가지로 가격이 상승하고 판매량이 감소한다. 다만 퇴출이 발생하지 않고 가격상승폭도 완전경쟁시장보다 더 적다.

05 기술적 진입장벽: 생산요소의 독점적 소유, 규모의 경제, 기술상의 우위.

제도적 진입장벽: 특허권, 정부의 인허가, 전매권.

06 장점: 효율적 자원배분이 달성된다.

단점: 독점기업에 적자가 발생될 수 있고, 현실적으로 한계비용을 추정하기 어렵다.

07 산업전체의 평균자본수익률은 경쟁산업의 자본수익률보다 높다. 왜냐하면, 전체 산업에는 독점산업(자본수익률이 높은 산업)과 경쟁산업(자본수익률이 낮은 산업)이 혼재되어 있기 때문이다. 따라서, 평균자본수익률을 자본의 기회비용으로 계산할 경우, 독점산업에 투입된 자본의 기회비용은 과대평가되고 독점기업의 수익률은 낮게 평가된다.

08 상품의 소비량을 몇 개의 구간으로 나누고 구간별로 다른 가격을 매기는 가격차별정책.

09

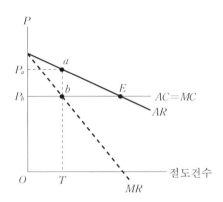

평균수입곡선: AR 한계수입곡선: MR
한계비용곡선: MC 평균비용곡선: AC

절도산업이 독점산업이므로 최적절도건수는 MR과 MC가 교차하는 b점에서 결정된다. 따라서 최적절도건수는 T이다. 절도산업의 독점권에 대한 경쟁이 치열하고 절도의 외부불경제가 없다면 사회적 비용은 □P_bP_aab와 □OP_bbT(절도의 기회비용)의 면적의 합이다.

10 완전정보하에서 소비자와 생산자간의 협상이 공짜라면 가격(P)과 한계비용(MC)이 일치되는 수준에서 생산량은 결정된다. 이 때 자중손실의 크기는 0이 된다(21.5절 참조).

11 (ⅰ) 가격순응자

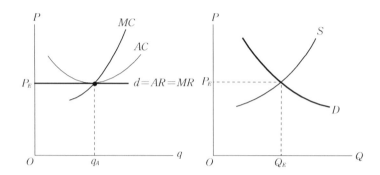

가격순응자는 시장의 수요(D)와 공급(S)에 의해 결정되는 시장의 균형가격 P_E를 주어진 것으로 받아들인다. 가격순응자의 수요곡선(d)과 한계수입곡선(MR)은 가격 P_E수준에서 수평선이다. 개별기업은 MR과 MC가 일치하는 q_A를 생산하며, 이 때의 이윤은 0이다.

(ⅱ) 독점기업

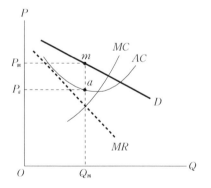

독점기업의 수요곡선은 우하향하는 시장수요곡선(D)이다. 따라서 한계수입곡선(MR)도 우하향한다. 독점기업의 이윤극대화는 MR과 MC가 일치하는 Q_m을 생산할 때 달성되며 균형가격은 P_m이다. 독점이윤은 $\square P_m m a P_a$의 면적이 된다.

12 특허권은 연구·개발의 유인을 제공한다. 그러나 특허권의 보장은 독점시장을 형성·유지시킴으로써 독점의 사회적 비용을 초래한다. 따라서 특허권은 보장되어야 하되, 그 기간은 한시적이어야 한다.

13 (a) 독점기업의 총수입함수 $TR = P \cdot Q = 70Q - Q^2$이므로,

한계수입함수 $MR = \dfrac{\partial TR}{\partial Q} = 70 - 2Q$

한계비용 $MC = \dfrac{\partial TC}{\partial Q} = 6$

이다. 이윤극대화조건 $MR = MC$로부터 최적산출량을 구할 수 있다. 즉,

$$70 - 2Q = 6$$
$$\therefore \ Q^* = 32, \qquad P^* = 38$$

(b) 독점기업의 공급함수는 존재하지 않는다. 왜냐하면 독점기업은 가격순응자가 아니기 때문이다. 독점기업은 가격설정자로서 한계수입과 한계비용이 일치하는 생산량을 팔 수 있는 최고가격을 선택한다.

14 [그림 12-5-1] 참조.

15 (a) 진입과 퇴출의 비용이 없는 시장. 항공산업.

(b) 한계: 비현실적 가정. 즉 현실적으로 진입과 퇴출은 공짜가 아니다.

기여: 바람직한 자원배분을 위해 가장 절실히 요청되는 것은 시장구조 자체의 변경이 아닌 진입장벽의 철폐이다.

16 (a) 규모의 경제가 없는 경우, 독점기업은 경합시장에서 흑자를 누릴 수 없다. 경제적 이윤이 존재하는 한 진입이 일어나기 때문이다. 결국, 균형가격은 평균비용의 최저수준에서 결정된다.

  (b) 그렇다. 만일 산업내 기존 기업이 최소장기평균비용보다 높은 수준에서 생산한다면 새로운 기업의 진입이 발생된다. 그러나 규모의 경제가 있는 경우, 최소비용점에서 생산하지 않는다.

  (c) 장기균형상태에서 균형가격과 한계비용은 같다. 그러나 규모의 경제가 있는 경우, 균형가격과 한계비용은 일치하지 않는다.

17 (a) 시장형태가 불완전경쟁(비경쟁적)시장이어야 하며, 상품의 전매나 재판매가 불가능해야 하고, 시장을 두 개 이상의 하위시장으로 분리할 수 있어야 한다.

  (b) 시장수요함수 $P = \begin{cases} 100 - Q \ (0 \leq Q \leq 50) \\ \dfrac{200}{3} - \dfrac{1}{3}Q \ (50 < Q \leq 100) \end{cases}$ 이다.

  이 수요함수에 상응한 한계수입곡선은 다음과 같다.

  $$\text{한계수입함수} \ MR = \begin{cases} 100 - 2Q \ (0 \leq Q < 50) \\ \dfrac{200 - 2Q}{3} \ (50 \leq Q) \end{cases}$$

  한계수입 $MC = 20$이므로, $MR = MC$로부터 최적산출량(Q^*)을 구할 수 있다.

  ① $100 - 2Q = 20$이므로 $Q^* = 40$, $P^* = 60$

  ② $\dfrac{200 - 2Q}{3} = 20$이므로 $Q^* = 70$, $P^* = \dfrac{130}{3}$

  (c) $TR_1 = P_1 \cdot Q_1 = (100 - Q_1) \cdot Q_1 = 100Q_1 - Q_1^2$

  $TR_2 = P_2 \cdot Q_2 = \left(50 - \dfrac{Q_2}{2}\right) \cdot Q_2 = 50Q_2 - \dfrac{Q_2^2}{2}$

따라서, $MR_1 = \dfrac{\partial TR_1}{\partial Q_1} = 100 - 2Q_1$

$$MR_2 = \dfrac{\partial TR_2}{\partial Q_2} = 50 - Q_2$$

독점기업이 가격차별을 할 때의 이윤극대화 조건은 $MR_1 = MR_2$ $= MC$이다.

$$MR_1 = 100 - 2Q_1 = 20 으로부터 \ Q_1{}^* = 40$$
$$MR_2 = 50 - Q_2 = 20 으로부터 \ Q_2{}^* = 30$$

이다. $Q_1{}^*$와 $Q_2{}^*$를 각각의 수요곡선에 대입하면 차별독점가격을 구할 수 있다. 즉,

$$P_1{}^* = 100 - Q_1{}^* = 60$$
$$P_2{}^* = 50 - \dfrac{Q_2{}^*}{2} = 35$$

18 (a) $L(\text{Lerner Index}) = [P_M - c]/P_M$ 혹은 $\triangle P/P_M$, 단 $\triangle P \equiv P_M - c$

(b) $W(\equiv 자중손실) = -(1/2) \ \triangle P \cdot \triangle Q$(삼각형의 면적)

(c) $W = -(1/2) \ \triangle P \cdot \triangle Q$를 관찰된 값으로 표현해 보자.
Lerner Index로부터 다음 관계가 성립한다.

(1) $\triangle P = LP_M$, 또 $e \equiv -\triangle Q/\triangle P \cdot Q_M/P_M = -[1/L] \ \triangle Q/Q_M$으로부터 다음 관계가 성립한다.

(2) $\triangle Q = -eL \ Q_M$

(1), (2)를 대입하면

(3) $W = +(1/2) \ P_M Q_M \ eL^2$
따라서 자중손실의 크기(W)는

   i) 수요의 가격탄력성(e)에 비례한다.

   ii) 러너지수(L)의 제곱에 비례한다.

제12장

독점적 경쟁시장

01

	완전경쟁시장	독점적 경쟁시장
유사점	무상진입과 무상퇴출	
차이점	동질적 상품	상품차별(이질적 상품)
	시장지배력이 없다.	시장지배력이 존재한다.
	기업의 수가 무한히 많다.	기업의 수가 충분히 많다.

02 독점적 경쟁의 장기균형상태는 비효율적이다. 그 이유는 첫째, 균형 가격이 한계비용보다 크고, 둘째, 초과설비가 존재하기 때문이다(13.5 절 참조).

03 (a) 장기평균비용이 최저가 되는 산출량과 독점적 경쟁의 장기균형 산출량간의 차이([그림 13-5-1]의 $q_E q_C$).

(b) 가격경쟁하의 장기균형산출량 수준과 비가격경쟁하에서의 장기 균형산출량 수준간의 차([그림 13-4-4]의 $q_N q_P$).

04 i) 부분적으로 타당한 가정이다. 수송비용의 감소, FTA 체결로 인한 시장통합 등으로 인한 시장규모 확대는 가격과 무관하다. 그러나 일반적으로 시장규모 MS_0가 가격과 무관하게 외생적으로 결정된 다는 가정은 비현실적이다. 그럼에도 불구하고 브랜드 경쟁에 분 석의 초점을 맞추기 위해 현실을 단순화한, 필요한 가정이라고 정 당화할 수 있다.

이러한 유형의 수요곡선은 소비자 선호가 다양하고 상품 품질차별이 있을 때 도출 가능하다(수요곡선의 도출과정과 특성에 대해서는 Stephen Salop, *Monopolistic Competition with Outside Goods*: *Bell Journal of Economics* 10(1979), pp. 141~156 참조).

ii) MS_0/n

iii) i 기업만 '혼자서' 가격을 1원씩 올릴 때마다 $k\%$만큼 고객을 상실하게 된다. 예컨대 $k=1\%(=0.01)$, $MS_0=100$만 개, $n=10$이라면 i 기업은 가격을 1원씩 올릴 때마다 판매량이 1,000개씩 감소한다.

iv) tMS_0/n, 즉 초기 균형상태에서 판매량의 t배만큼 팔린다.

05 (a) 가격조정 비용.

　(b) 완전경쟁시장: 시장가격이 외생적으로 주어지기 때문에 메뉴비용이 존재하지 않는다.

　　　독점시장: 가격변화분에 따른 이윤변화분의 크기가 클 것이므로 메뉴비용이 존재하더라도 가격은 변동하게 된다.

06 시사점: (ⅰ) 초과설비의 존재를 보임으로써 과잉경쟁의 발생원인을 설명해 준다.

　　　　　(ⅱ) 시장지배력의 존재를 보임으로써 독점적 경쟁시장하의 자원배분이 비효율적이라는 것을 보여 준다.

　한　계: 챔버린의 독점적 경쟁모형은 이론의 가정과 결론에 한계를 갖고 있다.

　(ⅰ) 가정의 비현실성

　　① 근시안적인 행동가정: 꾸르노유형의 비현실적 행동가정

　　② 애매한 시장경계: 시장의 경계가 애매하여 현실적으로 이 이론을 적용하기가 어렵다.

　(ⅱ) 현실설명력 결여

　　① 장기균형하의 이윤이 零이라는 것은 비현실적.

　　② 품질결정 요인을 설명하지 못함.

07 (a) B의 바로 왼쪽

(b) A의 바로 왼쪽

(c) 두 주유소 모두 중간지점(0.5)에 입지

(d) 그렇다.

∵ ① 상대방의 전략에 대한 예상하에서 A, B 모두 최선의 전략을 선택했다.

② 상대방의 전략에 대해 A, B의 예상이 모두 적중했다.

08 소비자의 유보가격이 R이고 $MC = AC = C$일 경우 I에 입지한 기업의 시장의 범위를 비교해 보자.

I에 입지한 기업의 시장의 크기는 $t = kd$일 경우 그림의 $[a, b]$이지만 $t = kd^2$일 경우 $[a', b']$이다. 따라서, $R > c + k$일 경우 $a' > a$이고 $b' < b$이므로 시장의 범위는 더 작아진다. 따라서 집중화현상의 가능성은 작아지고 품질차별화현상이 나타날 수 있다. 반면에, $R < c + k$일 경우 집중화현상은 심화된다.

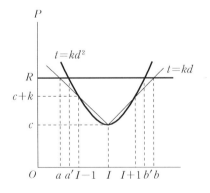

09

두 기업이 동시에 진입한다면 $\frac{1}{4}$과 $\frac{3}{4}$ 지점에 들어서게 되며 시장은 $\left[0, \frac{1}{2}\right]\left[\frac{1}{2}, 1\right]$로 분할된다. 이 때 고객의 평균거리는 $\frac{1}{8}$이다. 이는

집중화현상이 나타나는 순차적 경쟁하의 자원배분(즉, 두 기업이 모두 $\frac{1}{2}$ 지점에 입지하는 균형상태)보다 효율적이다.

10

	독점적 경쟁모형	입지경쟁모형
장 점	과당경쟁(초과설비) 및 시장지배력의 존재 설명.	품질 및 시장지배력의 결정요인 설명.
단 점	시장경계가 분명치 않아 현실 설명력이 약함. 품질차이의 발생요인을 설명하지 못함.	배달비, 입지경쟁방식 등의 가정에 따라 결론이 달라짐.

제13장

과점시장

01 완전경쟁이나 독점시장에서는 개별기업이 직면하는 수요조건은 경쟁기업의 행동과 무관하게 주어진다. 완전경쟁시장에서는 경쟁자의 행동과 무관하게 가격조건이 주어져 있기 때문이고, 독점시장에서는 경쟁자가 존재하지 않기 때문이다. 그러나 과점시장에서는 경쟁기업의 행동(전략)에 따라 자사(自社)의 수요조건이 달라진다. 과점시장 하의 개별기업의 시장조건은 외생적으로 주어지지 않고 경쟁사의 행동에 따라 달라지기 때문에 과점이론은 정립하기 어렵다.

02 꾸르노 가정:

한 기업이 산출량을 변화시킬 때 상대방은 현재의 산출량을 그대로 유지시킬 것이라는 단순추측.

꾸르노 가정의 약점:

(i) 상대방 기업의 반응에 대한 근시안적 가정.

(ii) 현실의 많은 기업들이 가격을 전략변수로 선택하고 있다는 점에서 비현실적 가정이다.

03 (a) 기업 1의 총수입함수 $TR_1 = P \cdot q_1 = 100q_1 - 0.5(q_1 + q_2)q_1$ ······①

기업 1의 한계수입함수 $MR_1 = \dfrac{\partial TR_1}{\partial q_1} = 100 - q_1 - 0.5q_2$ ······②

기업 1의 이윤극대화 조건은 $MR_1 = MC_1$이다.

그런데 $MC_1 = 5$이므로 일계조건은 다음 방정식으로 표현된다.

$$100 - q_1 - 0.5q_2 = 5$$ ······③

식 ③을 q_1에 대해 풀면 기업 1의 반응함수를 구할 수 있다.

$$q_1 = 95 - 0.5\,q_2$$

마찬가지로 기업 2의 반응함수를 구하면 다음과 같다.

$$q_2 = 95 - 0.5\,q_1$$

(b) 두 기업의 반응함수를 연립해서 풀면 균형산출량과 가격을 구할 수 있다.

$$q_1{}^* = q_2{}^* = \frac{190}{3}, \quad Q^*(=q_1{}^* + q_2{}^*) = \frac{380}{3}$$

$$P^* = 100 - 0.5\,\frac{380}{3} = \frac{110}{3}$$

시장지배력 $= \dfrac{P-MC}{P} = \dfrac{19}{22}$

(c)

	균형생산량	균형가격
꾸르노모형	$\dfrac{380}{3}$	$\dfrac{110}{3}$
독점시장	95	$\dfrac{105}{2}$
완전경쟁시장	190	5

04 (a) 버뜨랑 모형에서의 반응함수는 상대기업의 가격이 일정불변이라는 기대하에서 자신의 이윤을 극대화시키는 최적가격이다. 기업 1의 반응함수를 구해 보자. 이를 위해 기업 2의 가격이 독점가격(P_m)보다 높은 경우와 낮은 경우를 나누어 생각해 보자.

(ⅰ) $P_2 > P_m$일 때, 기업 1의 최적가격은 독점가격이다. 따라서 반응함수는 $P_1{}^* = P_m$이다.

(ⅱ) $P_2 < P_m$일 때, 기업 2의 판매량(q_2)은 $200 - 2P_2$이다. 이 때, 기업 1의 잔여수요곡선은 $D_R = 200 - 2P_1 - (200 - 2P_2)$이다. 따라서, 기업 1의 이윤함수는

$$\pi_1 = (2P_2 - 2P_1)(P_1 - C') = (2P_2 - 2P_1)(P_1 - 5)$$

π_1을 P_1에 대해 미분한 이윤극대화의 일계조건은

$$2P_2 - 4P_1 + 10 = 0$$

이다. 따라서, 기업 1의 반응함수는

$$P_1{}^* = \frac{P_2}{2} + \frac{5}{2}$$

이다. 마찬가지로 기업 2의 반응함수를 구하면,

(i) $P_1 > P_m$일 때 $P_2{}^* = P_m$

(ii) $P_1 < P_m$일 때 $P_2{}^* = \dfrac{P_1}{2} + \dfrac{5}{2}$

(b) 두 반응함수를 연립해서 풀면 버뜨랑 균형가격을 구할 수 있다. 균형가격은

$$P_1{}^* = P_2{}^* = 5$$

이다. 시장수요곡선에 균형가격을 대입하면 균형생산량 $Q^* = 200 - 2 \cdot 5 = 190$이다. 이 때의 시장지배력 $= \dfrac{P - C'}{P} = 0$이다.

05 (a) 스타켈버그 모형에서의 기업의 반응함수는 꾸르노모형에서와 같다.

기업 1의 반응함수 $q_1 = 95 - 0.5q_2$

기업 2의 반응함수 $q_2 = 95 - 0.5q_1$

(b) 기업 1을 선도자, 기업 2를 추종자라고 하자. 추종자는 자신의 반응함수에 따라 산출량을 결정한다. 그러나 선도자는 추종자의 반응함수를 알고 있으므로, 추종자의 반응함수를 고려하여 이윤을 극대화시킨다. 선도자의 이윤함수(π_1)는 다음과 같이 나타낼 수 있다.

$$\pi_1 = [100 - 0.5\{q_1 + (95 - 0.5q_1)\}]q_1 - 5q_1$$

$$= \frac{95}{2}q_1 - \frac{1}{4}q_1{}^2$$

선도자의 이윤극대화 조건은 다음과 같다.

$$\frac{\partial \pi_1}{\partial q_1} = \frac{95}{2} - \frac{1}{2} q_1 = 0$$

$$\therefore \text{ 선도자의 최적산출량 } q_1{}^* = 95$$

이다. 추종자의 산출량은 기업 2의 반응함수에 $q_1 = 95$를 대입하면 구할 수 있다.

$$\therefore \text{ 추종자의 산출량 } q_2{}^* = 95 - \frac{95}{2} = \frac{95}{2}$$

$$\text{균형가격 } P^* = 100 - 0.5\left(95 + \frac{95}{2}\right) = \frac{115}{4}$$

$$\text{시장지배력} = \frac{P^* - MC}{P^*} = \frac{19}{23}$$

(c) 스타켈버그 균형은 선도자의 등이윤곡선과 추종자의 반응함수가 접하는 점 $S\left(q_1{}^* = 95,\ q_2{}^* = \frac{95}{2}\right)$에서 이루어진다. 선도자의 산출량은 스타켈버그균형에서 꾸르노 균형점 $C\left(q_1{}^* = q_2{}^* = \frac{190}{3}\right)$에서보다 크다. 선도자의 이윤은 $\frac{9{,}025}{4}$로서 꾸르노 균형상태에서의 이윤 $\frac{18{,}050}{4}$보다 더 크다.

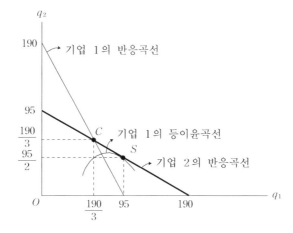

06 (a)

(1) $dp_1 < 0$이면 $dp_j^E/dp_1 = 1$, 즉 기업 1이 현재의 가격보다 가격을 인하할 경우 다른 기업도 자기와 마찬가지로 가격을 인하할 것으로 예상

(2) $dp_1 > 0$이면 $dp_j^E/dp_1 = 0$, 즉 기업 1이 현재의 가격보다 가격을 인상할 경우 다른 기업들은 이에 동조하지 않고 가격을 고정시킬 것으로 예상.

여기서 하첨자 j는 기업을 나타내고($j=2, \cdots, n$), 상첨자 E는 예상치임을 나타낸다.

(b) 개별기업의 수요곡선 그래프

(1) 가격을 인하할 경우: 비례수요곡선이 개별기업의 유효한 수요곡선이 된다.

가격인하시: 기업 1이 가격을 인하할 경우 경쟁기업 2도 기업 1처럼 가격을 인하할 것으로 기대, 단순추측된 가격의 변화율은 1이 된다. 이러한 예상하에서 이 기업은 가격인하를 통해서 자신의 시장점유율을 증대시킬 수 없으리라고 인식한다. 따라서 이 기업은 자신의 수요곡선을 시장수요의 일부인 비례수요곡선으로 인식한다.

(2) 가격을 인상할 경우: 인식수요곡선이 개별기업의 유효한 수요곡선이 된다(따라서 비례수요곡선보다 완만한 기울기를 갖게 됨).

현재의 가격이 P_k일 때 개별기업의 수요곡선은 이 두 수요곡선을 합친 굴절수요곡선이 된다. 반면에 이 기업이 가격을 인상할 경우 경쟁기업들이 현재의 가격을 유지할 것으로 기대한다면 단순추측된 가격의 변화율은 0(즉, $\frac{dp_j}{dp_1}=0$)이 된다. 기업은 자기 혼자서 가격을 올린 셈이므로 많은 고객을 잃게 된다.

따라서 현재보다 높은 가격수준에서 이 기업의 인식수요곡선(認識需要曲線)은 비례수요곡선(比例需要曲線)보다 평평해진다. 기업 1이 혼자서 가격을 인상시키더라도 판매량이 0으로 떨어지지 않는다는 것은 이질적인 상품이라는 가정에 기인한다. 가격을 인하할 경우 이 기업이 인식하고 있는 수요곡선은 가격을 인상할 경우의 수요곡선보다 가파른 모양을 하게 된다.

(1), (2)의 논의를 결합하면 기업이 인식하는 수요곡선은 그림에

서 보듯이 꺾여지게 된다. [그림 14-1]의 굴절수요곡선은 기울기가 서로 다른 두 가지 수요곡선 d와 D를 결합시켜 도출한다. 그림에서 K점은 이 기업의 초기가격과 생산점을 나타낸다.

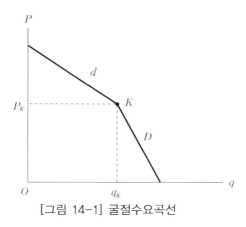

[그림 14-1] 굴절수요곡선

(c) [그림 14-2]에서 보듯이 개별기업의 수요곡선이 꺾여 있을 때 한계수입(MR)곡선은 q_K에서 불연속한 곡선 $RSTL$로 도출된다. 이는 다음과 같이 도출할 수 있다.

우선 두 가지 수요곡선 D와 d가 주어져 있을 때 이에 상응하는 한계수입곡선 MR_d와 MR_D를 도출한다.

각 한계수입곡선에서 굴절수요곡선에 비추어 보아 해당 사항이 없는 구간, 즉 수요곡선이 점선으로 나타나는 구간의 한계수입곡선을 지우면 남는 부분이 그림의 직선 $RSTL$로서 굴절수요곡선에 상응한 한계수입곡선이 된다.

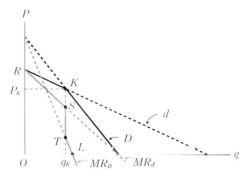

[그림 14-2] 굴절수요곡선하의 한계수입곡선의 도출

(d) 한계비용이 MC_0일 때 기업의 최적산출량은 q_K가 되고 최적가격
은 P_K가 된다.

(e) 한계비용이 MC_0으로 상승했다고 하자. 이 경우 기업의 균형점
은 불변일 것이다. 한계비용곡선이 한계수입곡선의 불연속구간,
즉 수직선분 ST 사이를 통과하는 한, 기업의 이윤극대화점은 K
점이 되고 기업의 균형점은 불변이 된다.

이러한 분석은 [그림 14-3]에서 보듯이 과점시장 내의 기업들이
왜 비용변화에 민감하게 반응하지 않고 가격을 고정시키는 경향
을 갖는가를 설명해 준다. 완전경쟁시장이나 독점시장이었더라면
분명히 한계비용이 변하면 가격도 즉각 달라졌을 것이다.

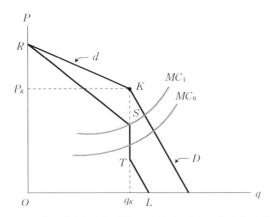

[그림 14-3] 비용조건의 변화와 가격경직성

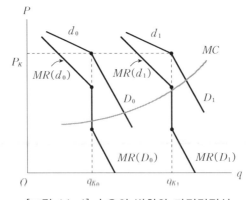

[그림 14-4] 수요의 변화와 가격경직성

☞ 굴절수요이론을 이용하면 수요조건이 변해도 기업의 최적가격이 경직적일 수 있다는 것을 보일 수 있다.

[그림 14-4]에서 보듯이 호황(好況) 등의 요인에 의해 굴절수요곡선이 오른쪽 방향으로 이동했다고 하자. 이 그림은 굴절수요곡선이 $d_0 D_0$에서 $d_1 D_1$으로 기업의 최적산출량은 변동하지만 기업의 최적가격은 불변인 경우를 보여 주고 있다.

이러한 분석결과는 호황이냐 불황이냐에 따라 생산량은 비교적 큰 폭으로 변하지만 가격은 크게 변하지 않는 과점시장의 현실에 잘 부합되고 있다.

(f)

i) 스위지(P.M. Sweezy)는 굴절수요곡선모형(kinked demand curve model)을 제시함으로써 과점시장의 **가격경직성**(價格硬直性, price rigidity)을 설명하고 있다.

굴절수요곡선이론은 시장가격의 **경직성**(硬直性)을 과점시장의 본질로 파악한다. 가격의 경직성에 관한 고전적인 예는 미국의 철강산업에서 찾을 수 있다. 강철 레일의 가격은 1901년부터 1933년까지 수요 및 비용조건에 급격한 변동이 있었음에도 불구하고 제품가격은 대체로 일정하게 유지되었다. 굴절수요곡선모형은 비용조건이나 수요조건의 변화에도 불구하고 과점산업의 가격이 경직적인 경향을 보일 수 있음을 잘 설명해 주고 있다.

ii) 이 모형은 암묵적 담합이 유지될 수 있다는 것을 정태적으로 설명해 주고 있다. 또한 이 모형은 과점시장을 설명해 주는 유일한 이론(the oligopoly theory)으로 간주된 적도 있었다.

iii) 이론의 문제점: 이 모형은 이론적인 면과 실증적인 면 모두에서 심각한 문제점을 가지고 있다.

이론적 측면에서 스위지의 이론은 가격경직성의 이유는 설명해 주지만 현재의 가격이 어떻게 결정되었는지를 설명하지 못하고 있다. 다시 말하면 굴절수요곡선이론은 굴절이 왜 발생하는지는 설명해 주지만, 굴절이 어떤 가격수준에서 나타날 것인지는 설명해 주지 못한다. 가격이론의 목적은 균형가격(均衡價格)이 수요와

비용의 상호작용에 의하여 어떻게 결정되는지를 설명하는 데 있다. 그러나 굴절수요곡선이론은 이를 설명해 주지 않는다. 따라서, 스위지의 모형은 시장균형에 대한 사전적(事前的, exante) 설명이라기보다는 시장균형가격이 결정되고 난 후의 사전적(事後的, expost) 설명에 불과한 것으로 평가할 수 있다.

iv) 실증적 측면의 문제점: 굴절수요곡선이론은 단순추측된 가격의 변화율에 관한 비대칭적 가정에 의존하고 있다. 그러나 이 비대칭적 가정은 현실적이지 않다고 지적되고 있다.

스티글러(G. Stigler)는 실증적 연구를 통해서 굴절수요곡선이론이 깔고 있는 가정과 반대되는 많은 산업을 발견하였다. 그는 담배, 자동차, 무연탄, 강철, 휘발유 등의 과점산업에서 어느 한 기업이 가격을 인상시키자 다른 경쟁자들도 그에 동조한 반면, 칼륨산업에서는 가격인하가 있더라도 다른 기업들이 그에 따르지 않았다는 것을 발견했다. 이러한 사실은 모든 과점기업이 굴절수요곡선에 직면하고 있다고 믿을 이유가 없음을 시사하고 있다.

07 (a) 카르텔의 생산량 혹은 가격에 관한 합의, 합의된 산출량과 이윤의 배분기준, 합의된 산출량(혹은 가격)을 유지하기 위한 신규진입의 차단방법, 카르텔 협약을 위반했을 경우 응징방법 등에 대한 합의가 도출될 수 있어야 한다.

(b) 생략.

08 과점시장에서 자사(自社)의 수요함수는 경쟁기업의 전략에 따라 달라지고, 경쟁사의 전략은 자사의 전략에 따라 달라지는 상호의존성을 갖는다. 그러나 전통적 과점모형은 상호의존성을 행동에 대한 가정으로써 반영하고 있다. 상대방 기업의 행동은 가정되어서는 안 되고 도출되어야 한다.

제14장

게임이론과 전략적 행동

01 정규형: 선택된 전략의 결과로서 나타나는 모든 보수를 정리해 놓은 표, 즉 보수행렬을 사용하여 게임을 나타내는 방법으로, 동시게임을 묘사하는 데 유용하다.

확장형: 의사결정 상황을 분기점 혹은 의사결정마디로 나타내고 서로 다른 전략수단을 나뭇가지 모양으로 나타내는 방법으로, 순서게임을 묘사하는 데 유용하다.

02 (a) 상대방의 전략이 무엇이냐에 상관없이 항상 선택되는 전략.

(b) 그렇다.

(c) 항상 그런 것은 아니다.

03

		백 두	
		버티기	퇴 출
한 라	버티기	$(-20,\ -20)$	$(50,\ 10)^*$
	퇴 출	$(10,\ 50)^*$	$(-10,\ -10)$

이 경우의 내쉬균형은 $(10, 50)$, $(50, 10)$의 두 가지이다. 따라서, 버텨서 성공할 경우 버틴 기업의 이윤은 70만큼 증가하고 퇴출한 기업의 이윤은 30만큼 증가한다. 따라서 최대 40까지의 투자를 해서라도 버티면 성공이다. 불황산업에서의 신규설비투자, 광고투자 등을 통해서 버틴자의 이익을 실현할 수 있다.

04 (a원, $1-a$원) 단, a는 0과 1 사이의 임의의 상수.

05 이 게임을 확장형으로 나타내면 다음과 같다.

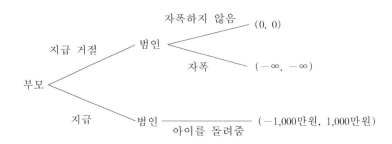

부모가 돈을 지급할 경우에는 (−1,000만원, 1,000만원)의 상태로 게임이 끝나고, 부모가 지급하지 않을 경우에는 (0, 0)이 된다. 따라서 유괴범의 자폭협박은 신뢰성이 없다. 게임의 완전균형은 지급도 하지 않고 자폭도 하지 않는 (0, 0)이다.

유괴범의 자폭전략이 신뢰성이 없다는 점을 감안하여 후방귀납법을 이용하면 이 게임은 다음과 같이 쓸 수 있다.

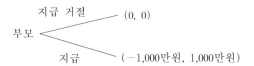

따라서 게임의 완전균형은 (지급거절, 자폭하지 않음)이다.

06 스타켈버그 모형은 선도자가 후발자의 반응을 고려하여 먼저 전략을 결정한 뒤 후발자가 나중에 전략을 결정하는 일종의 순차게임이다. 따라서 스타켈버그 균형은 완전균형의 예이다.

07 (a) (P^L, P^L)

(b) (P^L, P^L)

(c) 협박게임과 무한반복게임의 경우 파레토 최적해인 (300, 300)을 얻을 수 있다.

08 (Y, A), (X, C)

제15장

완전경쟁 요소시장

01

고용자수	총생산물	한계생산물	한계생산물 가치
0	0	0	0
1	15	15	15,000
2	28	13	13,000
3	38	10	10,000
4	46	8	8,000
5	52	6	6,000

02 3명, 한계생산물 가치=W(1만원)의 등식이 고용자 수 3명에서 성립.

03 4명, 고용자 수가 4명일 때 한계생산물 가치=12,000원 〉임금=1만원
고용자 수가 3명일 때 한계생산물 가치=9,000원(=6×1,500) 〈 임금
=1만원

04 (i) 노동수요는 파생수요이므로 경제가 성장하면 산출물이 늘어날
것이다.

(ii) 그러나 현실에서 자동화 등 IT 투자로 인해 경제가 성장하고 산
출량이 증가해도 오히려 일자리가 감소하는, 소위 일자리 없는
성장(jobless growth)이 나타나고 있다. 따라서 노동수요를 반드시
파생수요라고 볼 수 없는 측면이 있다.

05 노동시장에서 시장차원의 수요곡선을 구할 때 임금이 변하면 생산물 가격이 변하고 따라서 한계생산물가치 곡선이 이동한다. 따라서 노동 시장수요곡선을 구할 때는 생산물 시장수요곡선의 도출 과정과 달리 생산물 가격 변화로 인한 기업노동수요곡선의 이동을 조정해서 수평합을 구해야 한다.

06 생산자잉여 = 노동의 경제적 지대 + 자본의 경제적 지대(16.6절 참조).

07 기본적으로 옳다.

그러나 장기에서 상품가격이 변할 경우 생산요소에 대한 수요의 가격탄력성은 감소할 수도 있다. 임금상승으로 상품가격이 상승할 경우 최적산출량이 감소하고 따라서 요소의 수요량이 감소한다.

08 (a) 경제적 지대는, 어떤 요소를 특정용도에 사용하기 위해 지급해야 할 최소금액으로서 요소소득에서 전용수입을 뺀 값이다.

준지대는, 단기적으로 공급량이 고정된 생산요소에 대한 보수로서 총매출액에서 총가변비용을 뺀 값이다.

(b) 경제적지대: $(P - P_0) \cdot q_0$,   준지대: $(P - V_0) \cdot q_0$

(c) $P_0 = V_0$일 때.

09 생산요소의 공급이 요소의 가격에 대해 비탄력적일수록 그 생산요소가 받는 보수 중에서 경제적 지대가 차지하는 비중이 커진다([그림 16-6-3] 참조).

10 단기: 불변,   장기: 감소.

01 (a) 총임금지출함수: $TW = W \times L = \dfrac{L^2}{40}$

$\therefore ME_L = \dfrac{\partial TW}{\partial T} = \dfrac{L}{20}$

(b) 제품이 완전경쟁시장에서 판매되므로 $P = MR = 9,000$이다. 따라서

$$MRP_L = MR \times MP_L = 9,000 \times 4 = 36,000$$

이다. 균형고용량(L^*)은 ME_L과 MRP_L이 일치하는 수준에서 결정된다. 즉,

$$36,000 = \dfrac{L}{20} \qquad \therefore L^* = 720,000$$

균형임금(W^*)은 노동공급함수에 $L^* = 720,000$을 대입하면 구할 수 있다.

$$\therefore W^* = 18,000$$

(c) 완전경쟁시장하에서 노동의 수요곡선은 한계생산물가치곡선 ($VMP_L = P \times MP_L$)이다. 여기서,

$$VMP_L = 9,000 \times 4 = 36,000$$

따라서 노동의 수요곡선은 $W = 36,000$인 수평선이다. 균형임금과 고용량은 노동의 수요곡선과 공급곡선의 교점으로부터 구할 수 있다.

$$\therefore\ W^* = 36{,}000, \qquad L^* = 40 \times W = 1{,}440{,}000$$

02 (a) 총임금지출함수: $TW = W \times L = \dfrac{L^2}{40}$

$$\therefore\ ME_L = \frac{\partial TW}{\partial L} = \frac{L}{20}$$

(b) 균형고용량(L^*)은 MRP_L과 ME_L이 일치하는 수준에서 결정된다. 그런데

$$MRP_L = 40 - \frac{L}{20}$$

이므로 균형고용량은 다음 등식에서 구할 수 있다.

$$40 - \frac{L}{20} = \frac{L}{20} \qquad \therefore\ L^* = 400$$

균형임금(W^*)은 노동의 공급함수에 $L^* = 400$을 대입하면 구할 수 있다.

$$W^* = \frac{400}{40} = 10$$

(c) 최저임금이 15원으로 책정될 때 한계지출함수는 그림의 굵은 직선이다. 즉,

$$ME_L = \begin{cases} 15 & (0 \leq L < 600) \\[2mm] \dfrac{L}{20} & (600 \leq L) \end{cases}$$

요소수요 독점기업은 MRP_L과 ME_L이 일치하는 점에서 노동수요량을 선택한다. 즉,

$$15 = 40 - \frac{L}{20} \qquad \therefore\ 노동수요량 = 500$$

이 때, 노동의 공급량 $L = 40 \times 15 = 600$이다.

노동의 수요량($=500$)<노동의 공급량($=600$)이니 고용량은 500이다.

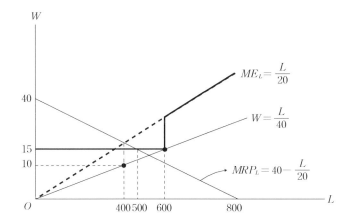

(d) $W = 32$일 때,

$$\text{노동의 공급량 } L = 40 \times 32 = 1{,}280$$
$$\text{노동의 수요량 } L = (40 - 32) \times 20 = 160$$

따라서 고용량은 160이다.

03 최저임금수준이 완전경쟁요소시장하의 균형임금수준보다 높은 경우.

04 임금상승, 고용량증가, 사회후생증대.

05 [그림 17-1-3] 참조.

06 단체협상을 통해서 수요독점의 폐해를 줄일 수 있다.

07 [그림 17-3-1] 참조.

08 경쟁적 요소시장(의사시장)에서의 균형점은 C이다. 보건복지부가 의과대학의 신설을 제한하여 요소공급을 제한하는 경우, 요소공급곡선을 S'_L으로 이동시킬 수 있다. 이때 균형임금은 w_m, 의사수는 L_m이나, 결과적으로 의과대학 신설을 제한함으로써, 의사수는 감소하고 의사의 임금은 상승한다.

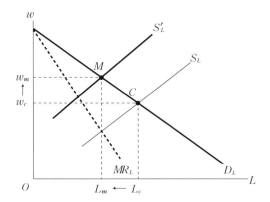

제17장

일반균형이론

01 부분균형분석: 다른 조건이 일정하다는 가정하에서 특정 시장 혹은
　　　　　　　특정 경제주체만을 분석.
　　일반균형분석: 상호관련된 시장을 동시에 분석.

02 철수의 $MRS=1$, 영희의 무차별곡선은 'L'字형으로 소득-소비곡선
　　은 $Y=2X$이다. 단, X, Y는 사과와 배를 나타낸다.
　　따라서 계약곡선은 Edgeworth Box의 실선 O_BR이 된다.

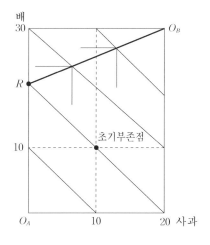

03 (a) 선분 O_BR
　　(b) 선분 O_BR

04 두 개의 상품시장만이 존재할 때 한 시장이 균형이면 왈라스의 법칙에 따라 나머지 시장도 균형이 된다. 즉, 두 개의 시장만이 존재하는 경우는 하나의 시장만을 분석하게 되면 나머지 시장은 저절로 분석된 것으로 볼 수 있다.

05 계약곡선상에 존재하지 않는다. 흥정비용, 정보수집비용 등의 거래비용이 존재하기 때문이다.

06 19.4.2절 참조.

07 계획된 수요는 유효수요와 다르다. 소비자가 유효수요에 따라 행동할 경우 왈라스법칙이 성립하지 않을 수 있다. 노동시장의 불균형상태에서 소비자가 예상소득하의 소비계획을 집행하지 않고 실현된 소득에 입각한 소비계획을 집행할 경우 왈라스법칙은 성립하지 않는다.
　　　예: 만성적 실업(공황): 노동시장에는 초과공급이 존재하나 상품시장에는 초과수요가 존재하지 않는다.

08 요약 ❺ 참조.

09 [그림 19-6-1], [그림 19-6-2] 참조.

10 후생경제학의 제1정리의 내용:
　　　경쟁적 일반균형상태는 효율적 자원배분이 실현된 상태이다. 이 정리는 보이지 않는 손의 정리라고도 한다.
　의의:
　　　교환경제하에서 파레토 효율적 자원배분을 찾아내기 위해서는 소비자가 많은 정보를 갖고 있어야 하는 데 반해, 완전경쟁체제하에서는 가격에 관한 정보만으로 파레토 효율적 자원배분을 실현할 수 있나.

제18장

후생경제이론

01 의미: 만장일치의 원리.

한계: 종합효용가능곡선상의 어떤 점이 바람직한가에 대한 판단이
불가능.

02 (a)

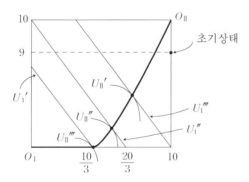

(b) 파레토 최적자취는 I의 한계대체율(MRS_I)과 II의 한계대체율
(MRS_{II})이 일치되는 점들이다.

$$MRS_I = \frac{3}{2}, \qquad MRS_{II} = \frac{Y_2}{X_2}$$

따라서 $\frac{3}{2} = \frac{Y_2}{X_2}$를 풀면 파레토 최적자취를 구할 수 있다. 즉,

$$Y_2 = \frac{3}{2} X_2$$

$X_2 = 10 - X_1$, $Y_2 = 10 - Y_1$을 이용하면 파레토 최적자취는 다음

과 같이 X_1, Y_1으로 표현된다.

$$Y_1 = -5 + \frac{3}{2} X_1$$

그런데 $MRS_\mathrm{I} = MRS_\mathrm{II}$가 성립하지 않아도 파레토 최적일 수 있다. 그림에서 $X_1 \leq \frac{10}{3}$일 때는 $Y_1 = 0$이 파레토 최적자원배분이 된다. 이를 종합하면 파레토 최적인 자원배분은 다음과 같이 표현된다.

$$X_1 \leq \frac{10}{3} \text{일 때, } Y_1 = 0$$

$$X_1 > \frac{10}{3} \text{일 때, } Y_1 = -5 + \frac{3}{2} X_1$$

파레토 최적점의 자취: 굵은 직선

03

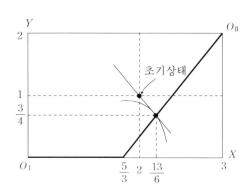

(a) $MRS_\mathrm{I} = \frac{3}{2}$ 이므로 경쟁적 균형상태에서 균형가격은

$$\frac{P_X}{P_Y} = \frac{3}{2}$$

이어야 한다. 이 때 I의 예산선은 $Y_1 = -\frac{3}{2} X_1 + b$로 표현할 수 있다. 그런데 이 예산선은 초기점 (2, 1)을 통과해야 하므로 $b = 4$이다. 따라서 I의 예산선은

$$Y_1 = -\frac{3}{2}X_1 + 4$$

Ⅱ의 예산제약식은

$$1 \cdot P_X + 1 \cdot P_Y - P_X X_2 - P_Y Y_2 = 0 \quad \text{……………………} \textcircled{1}$$

$$MRS_\text{Ⅱ} = \frac{Y_2}{X_2} = \frac{3}{2} \quad \text{…………………………} \textcircled{2}$$

Ⅱ의 X재에 대한 수요함수를 구하기 위해, 식 ②를 ①에 대입하면

$$X_2 = \frac{2(P_X + P_Y)}{(2P_X + 3P_Y)} \quad \text{…………………………} \textcircled{3}$$

$\dfrac{P_X}{P_Y} = \dfrac{3}{2}$ 이므로 $P_X = 3k$, $P_Y = 2k(k$는 임의의 상수)를 식 ③에

대입하면,

$$X_2 = \frac{2(3k + 2k)}{(2 \cdot 3k + 3 \cdot 2k)} = \frac{5}{6}, \quad Y_2 = \frac{5}{4}$$

$$\therefore \ X_1 = 3 - X_2 = \frac{13}{6}, \quad Y_1 = 2 - Y_2 = \frac{3}{4}$$

따라서 경쟁적 균형상태는 다음과 같이 나타낼 수 있다.

경쟁적 균형가격 $\dfrac{P_X}{P_Y} = \dfrac{3}{2}$

균형가격하에서 Ⅰ의 소비점 $\left(X_1 = \dfrac{13}{6}, \ Y_1 = \dfrac{3}{4} \right)$,

Ⅱ의 소비점 $\left(X_2 = \dfrac{5}{6}, \ Y_2 = \dfrac{5}{4} \right)$

(b) 두 사람의 한계대체율이 일치할 경우 계약곡선은 다음 방정식으로 표현될 수 있다.

$$\frac{Y_2}{X_2} = \frac{3}{2}$$

즉, $2 - Y_1 = (3 - X_1)\dfrac{3}{2}$

따라서 계약곡선은 $Y_1 = \dfrac{3}{2} X_1 - \dfrac{5}{2}$ 이다.

그런데 $0 \leq X_1 \leq \dfrac{5}{3}$ 일 때는(즉 두 사람의 한계대체율이 일치하지 않을 경우) $Y_1 = 0$이 계약곡선이다. 따라서 계약곡선은 다음과 같다.

$$0 \leq X_1 \leq \dfrac{5}{3} \text{ 일 때, } Y_1 = 0$$
$$\dfrac{5}{3} < X_1 \text{ 일 때, } Y_1 = \dfrac{3}{2} X_1 - \dfrac{5}{2}$$

계약곡선식에서 $\left(X_1 = \dfrac{13}{6}, \ Y_1 = \dfrac{3}{4} \right)$을 대입하면 등식이 성립한다. 즉 경쟁적 균형상태에서의 소비점은 계약곡선상에 위치하므로 파레토 최적이다.

04 애로우의 불가능성 정리는 사회적 선호체계가 가져야 할 몇 가지 합리적 조건들을 충족시켜 주는 사회후생함수가 존재하지 않는다는 절망을 안겨 주었다. 그러나 다른 한편으로는 사회후생함수가 존재할 수 있는 조건을 제시해 주었다.

05 개인별 효용을 종합하는 과정에서 대인간 효용을 비교
　　→ 독립성 가정 위배.
개인별 효용의 상대적 비중에 관한 사회적 합의를 전제
　　→ 개인선호의 무제약성 위배.

06 무관한 선택대상으로부터의 독립성 조건.

07 어떠한 윤리적 믿음도 무차별적으로 수용하고 있다는 것은 버그송-사무엘슨 사회무차별곡선의 형태가 구체적으로 주어져 있지 않음을 두고 한 말이다. 그러나 버그송-사무엘슨 후생함수는 파레토원리와 평등주의적 윤리를 반영하고 있다.

08 20.5절 참조.

09 버그송-사무엘슨 사회후생함수:

　　　사회 구성원의 상대적 비중이 그 사회의 의사결정 방식에 따라
　　　다양한 값을 갖고, 개인의 효용은 서수적 의미.

　　벤담의 사회후생함수:

　　　모든 사회 구성원과의 상대적 비중을 동일시. 개인의 효용을 기
　　　수적인 것으로 가정.

10 E점

11 내용: 최빈자의 효용함수로서 최소극대화원칙에 입각.

　　한계: 극단적인 위험기피자의 행동을 전제.

12

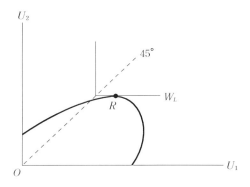

　　가난한 자의 만족수준이 극대가 되는 점은 R점이다. 따라서 R점이
롤즈후생함수의 극대점이지만 이 점은 45°선상에 있지 않다. 즉, 완
전평등상태는 아니다.

13 (a) 종합효용가능곡선.

　　(b) [그림 20-6-2]의 B점.

제19장
시장실패

01

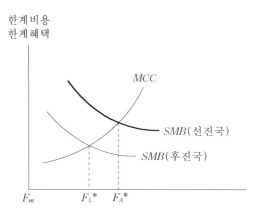

SMB곡선의 위치는 소득수준에 따라 달라진다. 깨끗한 환경이
정상재라면 선진국의 SMB곡선은 후진국의 SMB곡선보다 바깥
쪽에 위치한다. 따라서 선진국의 최적환경 정화량($F_A{}^*$)은 후진국
의 최적환경 정화량($F_L{}^*$)보다 높다.

02 외부효과(외부불경제).

도시민 - 쓰레기, 자동차 배기가스 등으로 인한 환경오염.

농　부 - 지나친 농약살포로 인한 환경오염.

어　부 - 물고기 남획에 따른 수자원 고갈문제.

사냥꾼 - 야생동물 남획에 따른 멸종문제.

03

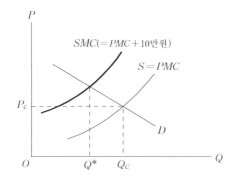

PMC: 사적 한계비용, *SMC*: 사회적 한계비용

(a) 균형가격: P_c, 자동차 수: Q_c

(b) Q^*

04 피구세란 외부효과로 인한 시장실패를 치유하기 위해 외부불경제(혹은 외부경제)를 유발하는 경제활동에 한계조세(혹은 보조금)를 부과하는 것이다.

05 (i) 이해당사자간의 거래비용이 작고, (ii) 협상결과로 나타나는 소득효과가 없을 경우, 외부효과를 유발하는 재화의 소유권을 확립해주면 자발적 합의에 의해 효율적 자원배분이 실현된다.
   • 시사점: 정부의 개입 없이 외부효과를 치유할 수 있다.

06 교통체증의 본질은 외부불경제이다(21.7 응용예 1 참조). 교통체증 문제에서는 이해당사자의 수가 매우 많다. 이해당사자의 수가 많으면 협상비용이 커지므로 코오즈 정리의 조건이 충족되지 않는다.

07 (a)

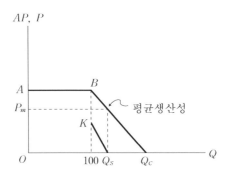

어장의 수요곡선은 평균생산곡선(ABQ_c)이다. 이 때 한계비용이 0으로 일정하다면, 경쟁적 균형상태에서의 어선수는 Q_c이다.

(b) 사회적 최적상태는 한계생산과 한계비용이 일치할 때 달성된다. 한계생산곡선은 평균생산곡선(ABQ_c)로부터 도출할 수 있다. 한계 생산곡선은 $ABKQ_s$이고 한계비용이 0이므로, 최적어선수는 Q_s이다. 사회적 최적상태의 어선수(Q_s)는 경쟁적 균형상태의 어선수 (Q_c)보다 작다.

(c) 어장을 사유화시킨다. 어장주인의 이윤은 $MR = MC = 0$일 때, 즉 어선수가 Q_s일 때 극대화된다. 어장주인은 어선수를 Q_s로 제한하기 위해 어장사용료 P_m을 부과한다.

08

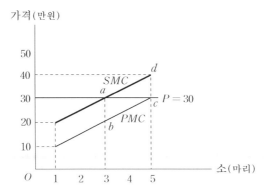

(a) 차례대로 20, 25, 30, 35, 40, 45.

(b) 목장소유주는 소의 시장가격(＝30만원)과 사적 한계비용(PMC)이 일치하는 5마리를 사육한다.

(c) 목장소유주가 농장물 피해액을 보상하면 목장소유주의 사적 한계비용은 10만원씩 증가한다. 즉, SMC곡선이 목장소유주의 한계비용곡선이다. 따라서 3마리의 소를 사육한다.

(d) (b)의 답은 아래와 같이 달라진다.

목장소유주가 5마리의 소를 사육할 때 농장주인의 총피해액은 □$abcd$이다. 이 중 △abc는 목장소유주의 소득이 되지만 △acd는 순손실이다. 만약 협상비용이 0이면, 농장주인은 목장소유주에게 3마리의 소를 사육하도록 요청하고 보상금을 지급하는 것이 피해가 적다. 이 때의 보상액은 △abc와 □$abcd$ 사이에서 결정될 것이다.

(c)의 답은 달라지지 않는다.

(e) 소유권이 누구에게 배정되든 확정되기만 하면 효율적 자원배분이 달성된다.

09 (i) 경쟁적 균형상태: $Q_c=300$

경쟁적 균형 조건: $PMC_A=10Q=3,000$원

(ii) 사회적 최적상태 및 사회적 최적상태의 조건은?

사회적 최적상태: $Q_s=150$

사회적 최적 조건: $SMC_A=20Q=3,000$원

(iii) $Q_s=150$에서 $SMC_A=3,000$원, $PMC_A=1,500$원

따라서 최적 오염세＝$SMC_A-PMC_A=1,500$원

(iv) [그림 19-2-1]에서 삼각형 X_C부터 X_E 구간에서 MC_B가 MV_A보다 커 피해자가 오염권자에게 보상을 함으로써 X를 줄일 수 있다. 이 경우 흥정을 통해서 사회적 최적 생산량이 달성 가능.

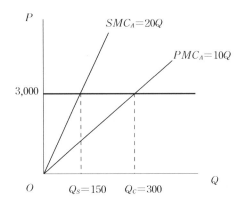

제20장

비대칭정보이론

01 한 부서의 성과는 부장의 노력수준뿐만 아니라 다른 여건에 의존하
므로, 사장(혹은 주주)은 부장의 노력투입 정도를 정확하게 평가하기
어렵다. 이러한 상황하에서 부장(대리인)의 은폐된 행동으로 인해 도
덕적 위해 문제가 발생될 수 있다. 이를 해결하기 위한 유인제도가
소사장제라고 할 수 있다.

02 그렇다. 품질이 우수하지 않은 상품의 경우 판매 후 서비스의 비용은
품질이 우수한 상품에 비해서 클 것이다. 따라서 저품질 상품에 대해
서 기업은 품질보증을 하려 하지 않을 것이다. 그러므로 품질보증서
(또는 판매 후 서비스)가 부착된 제품은 우수한 상품이라고 할 수 있
다.

03 (i) 중고차(또는 부동산) 시장에서는 정보의 비대칭성으로 인해 쭉정
이 선택 문제가 발생할 가능성이 있다. 매매알선업자는 공급자로
부터 정보를 수집하고 평가함으로써 비대칭정보 문제를 완화하
는 역할을 한다.
(ii) 매매알선업자의 규모가 크다는 것은 그 업자의 신뢰도가 높다는
것을 의미한다. 규모가 큰 알선업자의 경우 도덕적 위해를 행할
가능성이 더 낮기 때문에 수수료가 비싸다.

04 기업주는 인턴사원의 능력과 직무에 대한 직업성 등을 파악힐 수 있
다. 즉, 정보를 갖지 못한 기업주는 인턴사원에 대한 정보를 획득할

수 있다. 따라서 인턴사원제의 시행비용이 채용시험의 비용보다 작고, 인턴사원제에서 얻어진 사원에 대한 정보가 입사시험에서 얻을 수 있는 정보보다 열등하지 않다면, 기업주는 인턴사원제를 더 선호할 것이다.

05 고학력자의 취업과 승진확률이 저학력자보다 높을 것이다. 고학력자의 기대소득이 고학력 취득의 기회비용보다 크다면 '고학력 블루칼라화'는 항구적인 현상일 것이며, 반대일 경우 일시적 현상일 것이다.

06 • 공동균형: 노동시장에서의 효율성 임금(efficiency wage)하에서의 고용상태, 우수한 학생이나 보통인 학생 모두가 대학원에 진학하는 경우.
   • 분리균형: 학력별 임금격차가 존재하고 우수한 자가 고학력을 소지하고 있는 경우.
      보험시장에서 운전보험의 경우, 우수한 운전자가 공제액이 높고 보험료율이 낮은 보험상품을 구입하고 열등한 운전자가 공제액이 낮고 보험료율이 높은 보험상품을 구입하는 경우.

07 (a) 은폐된 행동으로 인한 비대칭정보의 상황에서 본인을 불리하게 하는 대리인의 기회주의적 행동.
      예: 의사와 환자의 계약관계에서 의사의 과잉진료, 경영자의 회사자금 유용.
   (b) [그림 22-3-3] 참조.
   (c) 유인제도
      보험가입자에 대한 유인제도: 공동보험제도, 공제제도.
      경영자에 대한 유인제도: 정률제, 기업임대.

08 (a) 생산력이 높은 사람: 1.5년, 생산력이 낮은 사람: 0년
   (i) 생산력이 높은 사람이 1.5년을 택하는 이유

$y = 1.5$를 선택할 경우, $\pi^H(y=1.5) = 2 - 1.5 \times \dfrac{1}{2} = 1.25$

$y = 0$을 선택할 경우, $\pi^H(y=0) = 1$ 이다.

$$\therefore \ \pi^H(y=1.5) > \pi^H(y=0)$$

(ii) 생산력이 낮은 사람이 0년을 택하는 이유

$y = 1.5$를 선택할 경우, $\pi^L(y=1.5) = 2 - 1.5 \times 1 = 0.5$

$y = 0$을 선택할 경우, $\pi^L(y=0) = 1$ 이다.

$$\therefore \ \pi^L(y=1.5) < \pi^L(y=0)$$

(b) 생산력이 높은 사람: 0년, 생산력이 낮은 사람: 0년

(c) (i) $y^H = y^L = 0$일 경우

$-\dfrac{1}{2}y^0 + 2 \leq 1$일 때 생산력이 높은 자의 최적 교육기간은 0이 된다.

$$\therefore \ y^0 \geq 2$$일 때 두 유형의 최적 교육기간은 0으로 동일.

(ii) $y^H = y^L = y^0$일 경우

$2 - y^0 > 1$, 즉 $1 > y^0$일 때 두 유형의 최적 교육기간$= y^0$로 동일.

09

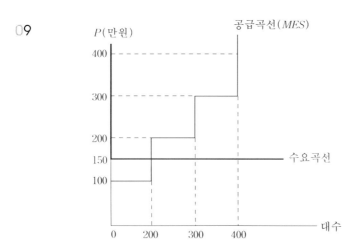

(a) 공급곡선: 주어진 가격하에서 공급하고자 하는 자동차 대수

(b) 수요곡선: 주어진 가격하에서 기꺼이 소비자가 구입하고자 하는 물량

(c) 균형가격 = 〔100, 150〕, 균형거래량 = 25

10 (a)

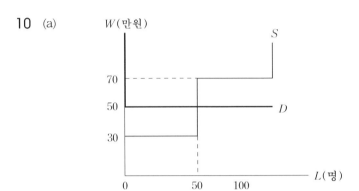

(b) 균형임금률 = 〔30, 50〕,   균형고용량 = 50

11 공통점: 비대칭정보의 문제가 존재.

차이점:

	역 선 택	도덕적 위해
발생원인	은폐된 특성(정보수집비용)	은폐된 행동(감독비용)
해 결 책	단체보험(예. 직장보험) 강제보험(예. 운전자에 대한 책임보험)	유인부여(예. 공동보험제도)

12 이러한 상황하에서는 H유형과 L유형의 후생수준을 증가시키면서 보험회사가 이윤을 남길 수 있는 보험상품이 존재한다(예컨대 [그림 22-2-11]의 T점을 개발한 보험회사는 양(陽)이윤을 만들 수 있다).

13 중고차 가격 $P=600$만원이라고 하자. 이 때 모든 중고차는 판매하기 위해 시장에 나오게 될 것이다. 이 때 평균품질(μ^{ave})은 300만원이 된다. 마찬가지로 $P=400$만원일 경우 품질(μ)이 400만원 이하인 차만 시장에 나올 것이므로 평균품질(μ^{ave})은 200만원이 된다. 일반

적으로 평균품질은 최고품질(μ)의 1/2이 될 것이다. 즉, $\mu^{ave} = p/2$의 관계가 성립한다.

한편 소비자는 구매자의 평가액인 $1.5\mu^{ave}$이 구매가격(p)보다 크면 구입하려 할 것이다. 즉, $1.5\mu^{ave} - P > 0$이 구매자의 구매조건이 된다. 따라서 수요가능 조건은 $1.5\mu^{ave} > P$이다.

이 때 $P = 0$이 균형가격, 균형거래량=0이다.

소비자는 판매자보다 더 높은 평가를 하고 있지만 시장은 거래를 성립시키지 못한다. 중고차 가격이 떨어지면 품질이 떨어지고 소비자들은 평균품질이 떨어질 것으로 예상하고 수요를 더욱 줄일 수 있기 때문이다. 경우에 따라 시장이 실종되거나 거래가 위축될 것이다.

이 예는 극단의 경우지만 시장의 실패를 잘 보여 주고 있다.

14 (a) 임대제하의 노동수요량 > 정률제하의 노동수요량 > 고정급제하의 노동수요량

임대제하의 생산량 > 정률제하의 생산량 > 고정급제하의 생산량

(b) 고정급제

(c) 위험의 분산 등의 장점이 있다.

(d) 임대제, 성과급제도의 도입.

15 금리를 인상시키면 은행의 입장에서 역선택문제가 발생할 수 있기 때문이다. 신용할당제는 역선택문제를 완화하기 위한 방책이라고 해석할 수 있다. 금리를 인상하면 주어진 대출금으로부터 금리마진율은 증가하겠지만, 다른 한편 총대출금 중 도산위험이 큰 기업들의 대출수요가 차지하는 비중이 증가한다. 따라서 금리마진율의 증대에도 불구하고 총금리수입은 감소할 수 있다.

16 이 문제의 본질은 누구의 이해가 의사결정에 가장 민감한가의 문제이다. 의사결정의 결과 나타나는 기업성과에 따라 누구의 몫이 가장 크게 변하느냐의 문제이다. 몫이 가장 크게 변하는 자가 의사결정의 책임을 지는 것이 바람직할 것이다. 한마디로 잔여분 권리소유자 (residual claimant)가 누구냐의 문제이다.

제21장
정부행동과 정부실패

01 정부가 자원을 효율적으로 배분하는 데 실패하는 현상.

02 수혜자와 비용부담자 중 어느 한쪽은 다수이고 다른 한쪽이 소수인
   경우.
   예: 독점규제, 장기교육투자.

03 후보의 당락이 유력한 상황에서 한 개인의 투표는 선거결과에 영향
   을 미칠 수 없다. 즉 투표의 기대혜택은 0이다.

04 정치적 균형점은 현실에서 관찰되는 규제가격으로 경쟁시장가격보다
   높고 독점가격보다는 낮다. 따라서 정치가에 의한 독점산업규제는
   자원배분의 효율성을 증진시키지만 극대화시키지는 못한다.

05 투표의 기대혜택이 0일 경우 유권자들이 기권해버리거나, 정보수집
   을 포기하고 후보에 관해 아무것도 모르는 상태에서 투표하는 것.

06 어떤 개인이 소유하고 있는 요소의 지대를 추구하는 행위로, 지대추
   구행위는 소득창출이 아닌 소득이전 행위로서 사회적 관점에서 볼
   때 낭비이다.

07 관료는 봉급, 성취감, 명예, 승진 및 소식관리의 용이성을 주요 목표
   로 한다. 이러한 목표는 대체로 조직에 배정된 예산의 크기에 따라

증가하는 경향이 있다. 이는 관료의 목표가 사회적 효율성과 무관하거나 직접적으로 연결되어 있지 않다는 것을 의미한다.

08 (ⅰ) 시장기구에 의존하는 방법, (ⅱ) 직접민주주의에 의한 사회적 선택, (ⅲ) 간접민주주의에 의한 사회적 선택의 폐해를 개선하는 방법.

[저자약력]

서울대학교 사회대학 경제학과(경제학사)
영국 뉴캐슬대학교(University of Newcastle upon Tyne) 경제학과(경제학 석사)
미국 워싱턴대학교(University of Washington, Seattle) 경제학과(경제학 박사)
대통령 비서실 기획조정비서관
한국개발원(KDI) 초빙연구원
한국노동연구원(KLI) 초빙연구원
(현) 서울시립대학교 경상대학 교수

논   문

"A Theory of Regulation under Political-Rent-seeking"(Ph.D. 논문), 1990
"금리규제하의 재벌의 금리차지대추구모형(공저)", 경제학연구, 1993
"정부지출 구조와 부패", 재정학연구, 2010
"재정규모의 정치적 결정요인", 경제학연구, 2014
"산재율의 결정요인: 근로시간을 중심으로(공저)", 재정학연구, 2016

저서 및 역서

이제는 사람이 경쟁력이다(공저), 한겨레신문사, 2005
한국의 부패와 반부패정책(편저), 한울 아카데미, 2000
경제학의 구조(공역), 진영사, 1993

제4판
미시경제학 연습문제 해답집

초판발행   1997년 2월 10일
개정판발행   1999년 4월 25일
제 4 판 발행   2018년 2월 26일
중판발행   2022년 3월 25일

지은이   신봉호
펴낸이   안종만·안상준

편 집   김효선·김명희·강민정
기획/마케팅   손준호
표지디자인   조아라
제 작   고철민·조영환

펴낸곳   (주) **박영사**
             서울특별시 금천구 가산디지털2로 53, 210호(가산동, 한라시그마밸리)
             등록 1959. 3. 11. 제300-1959-1호(倫)

전 화   02)733-6771
f a x   02)736-4818
e-mail   pys@pybook.co.kr
homepage   www.pybook.co.kr
ISBN   979-11-303-0561-5 93320

정 가   8,000원